[皖]版贸登记号:12242184

图书在版编目(CIP)数据

燃烧吧,篮球高手!/(日)铃木良和著;潘郁灵译;(日)
松野千歌绘. --合肥:安徽科学技术出版社, 2025. 5. --(小
学生兴趣入门漫画). --ISBN 978-7-5337-9209-1

Ⅰ. G841-49

中国国家版本馆 CIP 数据核字第 20249P74Q1 号

Umaku Naru Mini Basketball

© 2015 Gakken Plus Co.,Ltd.

First Published in Japan 2015 by Gakken Education Publishing Co.,
Ltd.Tokyo

Simplified Chinese translation rights arranged with Gakken Inc.
through Max・Information Co.,Ltd.

[日]铃木良和　著

燃烧吧,篮球高手!

RANSHAO BA LANQIU GAOSHOU

[日]松野千歌　绘

潘郁灵　译

出 版 人:王筱文　　选题策划:高清艳　　周璟瑜　　责任编辑:周璟瑜
责任校对:沙　莹　　责任印制:廖小青　　　　　　　封面设计:悠　婧
出版发行:安徽科学技术出版社　　　　http://www.ahstp.net
　　　　(合肥市政务文化新区翡翠路 1118 号出版传媒广场,邮编:230071)
　　　　电话:(0551)63533330
印　　制:安徽新华印刷股份有限公司　　电话:(0551)65859525
(如发现印装质量问题,影响阅读,请与印刷厂商联系调换)

开本:710×1010　1/16　　印张:12.25　　　　字数:170 千
版次:2025 年 5 月第 1 版　　2025 年 5 月第 1 次印刷

ISBN 978-7-5337-9209-1　　　　　　　定价:42.00 元

 前言

亲爱的读者朋友们，你们好！这本书是为想要开始学习篮球，或者致力于提升篮球水平的你量身定做的。

篮球运动是一项包含体育竞技、团队合作和对战策略的运动。这项运动不简单，需要付出很多努力才能熟练掌握。但是，也正因如此，当你在比赛中潇洒地投篮命中，当你在运球的过程中灵活地走位过人时，才能够加倍地体会到"我成功了"所带来的快乐和满足，这就是篮球！伴随进球次数越来越多，你也会越来越觉得这是一项很有意思的运动，这就是篮球的魅力。

本书将着重介绍篮球训练中需要注意的要点，以帮助大家高效地掌握各项技巧。如果广大热爱篮球的少年们能够在本书的帮助下，体会到篮球带来的乐趣，则实属作者之幸。接下来，就让我们跟随主人公一起燃烧热血，努力拼搏，成为篮球小将吧！

 铃木良和

本书特点和使用方法

①**生动的漫画情节**：篮球菜鸟带着热情与努力，开始了与伙伴的篮球之旅，你也一起来吧！

②**阅读顺序**：分镜框与对话框都是从上到下、从右往左进行阅读的，请特别注意。

③**丰富的篮球技巧**：手把手教你从零基础开始，学习篮球的各种动作和知识，揭秘练习的要点和技巧，分步骤解读。

④**重难点**：每个动作都有关键要领，避免走弯路。

⑤**详细图解**：每个步骤都有详细动作图解，边看边练，事半功倍。

目录

第1章

登场人物·············001

让我们开启篮球之旅吧！

漫 画············ 002

🏀 控球

·绕球 / 运球

·过肩接球 / 背后接球

🏀 控球大挑战！

解 说············ 016

🏀 持球姿势

·三威胁姿势 / 转身

🏀 攻克短板！控球篇

🏀 和伙伴们一起中场休息（专栏）如何锻炼你的运动神经呢？

第2章

熟练掌握传球！

漫 画············ 030

🏀 传球和接球的基本功

·接球的姿势 / 低于胸前的篮球接球法 / 高于胸前的篮球接球法

·基本传球方式——胸前传球的姿势

解 说············ 048

·将球传出的方法 / 迅速将球传出的方法 / 向移动的队友传球

·单手传球和肩上传球

🏀 攻克短板！ 传球篇

🏀 和伙伴们一起中场休息（专栏）受伤后，如何进行应急处置？

第3章

运球吧！

漫 画············ 062

🏀 运球的基础

·运球的姿势 / 手的形状 / 手腕的使用

·各种各样的运球方式 / 跑动时的运球方法 / 掌握变速的方法 / 掌握改变前进方向的方法

解 说············ 076

🏀 攻克短板！ 运球篇

🏀 和伙伴们一起中场休息（专栏） 为什么练习中必须要补充水分？

让我们成为投篮高手!

漫　画 ·············· 090　　　解　说 ·············· 106

- 🏀 投篮的方法
  - ·单手投篮的持球方法 / 最初的姿势 / 投篮时的姿势 / 出手
  - ·双手投篮的持球方法 / 最初的姿势 / 投篮时的姿势 / 出手
  - ·配合距离的方法
- 🏀 攻克短板! 投篮篇
- 🏀 和伙伴们一起中场休息(专栏) 成为篮球达人的秘诀就是模仿?

学会三步上篮吧!

漫　画 ·············· 120　　　解　说 ·············· 136

- 🏀 三步上篮的打法
  - ·低手上篮的打法 / 高手上篮的打法
- 🏀 攻克短板! 三步上篮篇
- 🏀 和伙伴们一起中场休息(专栏) 想长高,平时生活中要注意哪些事情呢?

一起享受比赛吧!

漫　画 ·············· 144　　　解　说 ·············· 164

- 🏀 进攻的基本知识
  - ·不同位置的职责 / 基本移动——弧线规则
  - ·提高命中率的进攻方法
- 🏀 防守的基本策略
  - ·防守持球队员的盯人策略 / 防守非持球队员的盯人策略 / 防守的要领
  - ·二对二的小型篮球赛 / 三对三的小型篮球赛
- 🏀 和伙伴们一起中场休息(专栏) 如何保持练习时的罚球水平,保证比赛中不失守呢?

比赛结束后……

漫　画 ·············· 172

- 🏀 要点牢记!　篮球比赛的规则　　　　　　180
- 🏀 要点牢记!　篮球运动相关用品　　　　　　186
- 🏀 提前了解就能派上用场!　篮球用语解说　　187

登场人物

MANGA **MINI BASKETBALL** PRIMER

 一辉

篮球初学者。为了和陆也成为朋友，加入了少年篮球队——地狱犬队。

 **小优**

地狱犬队球员。擅长投篮，但有些胆小。

 信道

地狱犬队球员。球技高超的核心球员。

 陆也

少年篮球知名强队——盖亚队的核心球员。个子高，性格沉稳。

小翼

地狱犬队球员。队伍里最勤奋努力的人，负责一辉的特别训练。

 铃木教练

地狱犬队教练。经常教一辉如何打好球。

 阿空

女篮队长。很希望看到男篮进步。

……　　……

转身就走

啊？！

?!

我的座右铭是：只要握手，任何人都能成为朋友！

我一定要和你交朋友！！

一辉，放弃吧！陆也他，你瞧……好可怕……

小优。

陆也！等我一下！！

快步离去

啪

他就是我的偶像！！

陆也才不可怕呢！高高的个子，还很酷！

掉下

危险！
一辉！！

啪

咚

咚

啊！

嗖

小优你也会打篮球吧？

嗯。

对了，我今天正好要去练习……

啊——要迟到了！

既然如此！那我也要去学篮球！

哎——!!?

哒哒哒

バビューン——

跑得真快！

舞台 市民体育馆

啊，可是，陆也他……

バーン

嘭

各位，打扰了！

ざ 嘈杂 わっ

我叫一辉。

打扰了，我想问……

别妨碍我们练习！

……

南台小学6年级
队长
阿空

队长。

……

继续练习了哦！

接住这个长传球！

请问！陆也在哪？

那小子在刚刚的一瞬间就跑到那里了吗？！

发生了什么！

啊？竟然是这样！

那家伙和我们不是一个俱乐部的。

陆也？

ガーン
失望

陆也在哪？

ざわ ざわ
乱哄哄

你觉得我会让你就这么回去吗？

站住！

有气无力
トボトボ

抱歉打扰你们练习了。

要是一辉输了呢？

他就要加入我们队！

登登

要是赢了我，我就告诉你陆也在哪。

和我一决胜负！

不能因为是女孩子而小瞧了她！

笑

这就是球队的队长吗？！

只是传个球就这么有气势……

激动

颤抖

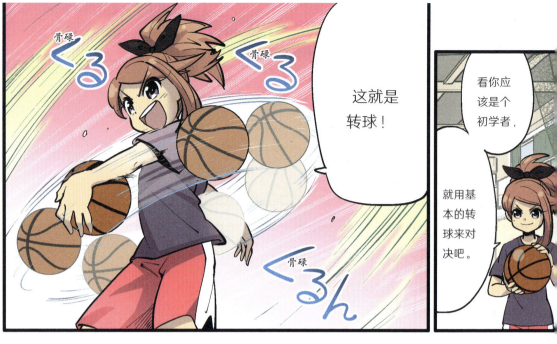

跪倒

完全不行！！

怎么样？要老老实实认输吗？

我们队的女篮是要参加全国赛的，你赢不了也很正常啊。

南台小学 6 年级
小翼

平时要多接触球，熟能生巧嘛。最关键的是，要让球快速旋转起来。

握手

没想到你还挺老实的呢。

我加入你们队。

我输了。

伸手

呃……

朋友？

这样咱们就是朋友了！

紧握

太好了！我要战胜陆也的队伍，然后和他做朋友！

闪耀——
キラーーーン

告诉你个好消息吧。我们队也会和陆也的队伍比赛哦。

真的吗？

好厉害！你已经会转球了，一辉！

我要努力练习！

这个队伍里，需要像他这样闪闪发光的小子呢。

第1章 让我们开启篮球之旅吧！

控球

篮球比乒乓球、足球等其他球类尺寸大，不好驾驭。
因此，我们首先要做的就是多做控球练习，增加手感。

 Question

怎样才能
得心应手地控制好球呢？

Answer

享受控球(Ball handing)
的快乐。

成为一名篮球高手的第一步，
就是培养手感。
最好是能练习到把控球
当作一种乐趣来享受。

控球1

绕 球

围绕腹部、腿部绕球。
要做到从左和右两个方向都能熟练绕球。

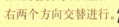 **腹部绕球**

双腿站立打开，手部持球。
持球在腹部环绕一周，双手沿腹部前后动
作，交替持球，从左和
右两个方向交替进行。

 腿部绕球

双腿前后迈开，沿腿部绕球。
从左右两个方向沿左腿绕球，之后左右腿
前后互换，并沿右腿绕球。

让我们开启篮球之旅吧！

控球2 运球

在双腿间运球，在不脱手的情况下，用手快速运球。
要达到一秒钟2~3次的运球速度。

前后运球

双腿站立打开，把球放在身体前方。
让球在双腿间或前后运动。双手同时前后交互，配合动作运球。

这里是重点！
眼睛不看球！
昂首看前方，千万别看球。

侧面视角

交叉运球

一只手在前，
另一只手在后，
左右手交叉运球。

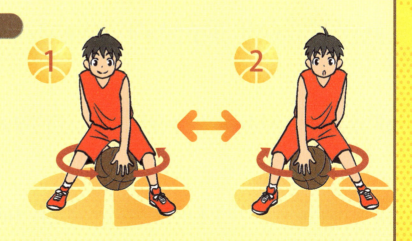

控球**3**
过肩接球

持球一侧的手臂绕到背后，将球抛出，
使其越过肩膀，在胸前用另一只手接球。
要做到双脚不动，平稳接球。

从右手向左手传球

1

从右手向左手传球。

这里是重点！

肩膀要尽量放松！

抛球时，肩膀保持放松状态，手肘尽量往上抬。

2

借助手肘和手腕的力量
往上抛球。

3

双手接住从后背越过肩膀
后落下来的球。

从左手向右手传球

1

持球的左手绕到背后。

2

借助手肘和手腕的力量，
从背后往身体的前方抛球。

3

动作熟练后，单手接住
越过肩膀后落下来的篮球。

控球4
背后接球

首先，从胸前往上高抛球，在后背位置接球。
接着，从后背位置往上高抛球，在胸前接球。
在接球的过程中，双脚不能移动。

 从胸前往背后抛球　　　 **从背后往胸前抛球**

这里是重点！
学会预判！
在看不见篮球的情况下，预判篮球的运动轨迹，精准接球。

这里是重点！
利用手腕的力量，尽量把球抛高！
手腕迅速向上发力，将球抛高。

1

2

双脚保持不动

将胸前的球往上高抛。
抬头，视线跟随球的轨迹，预判球下落的位置，
从后背用手接球。

接住球后，
顺势用手将球从背后往回高抛，
并在胸前接球。

控球大挑战！

挑战的时候，
请你的教练或者团队伙伴
帮忙计时。
低年级学生目标在75秒内完成，
高年级学生目标在60秒内完成。

开始！

腹部绕球
从右到左绕10圈，从左到右绕10圈。

完成！

7 背后接球
从胸前往上抛球，
在背后接球，
练习1次。

8 背后抛球
从背后抛球，
在胸前接球。
完成。

要小心谨慎！

分步掌握以上控球动作后，我们就可以将所有动作连贯在一起，来一场"控球大挑战"吧！速度越快，对球的操控性就越好。

② 右腿绕球

双腿前后迈开，沿右腿向右绕10圈，向左绕10圈。

③ 左腿绕球

同样的方式，沿左腿向右绕10圈，向左绕10圈。

坚持一下！

还剩一半！

④ 前后运球

前后运球20次。

⑥ 过肩接球

右手抛球、左手接球、左手抛球、右手接球，如此交替进行各5次。

⑤ 交叉运球

交叉运球20次。

持球姿势 1
三威胁姿势

"三威胁姿势"指的是有三个突破口的姿势。
采用这种姿势后，
可以迅速地转换成
投篮、传球或者运球这三种打法。

Q Question

什么是正确的持球姿势？

Answer **A**

记住可以迅速转换下一个动作的
三威胁姿势。

在篮球运动中，我们把持球的基本姿势称为
"三威胁姿势"。
它是打篮球的起手姿势。

侧面视图

这里是重点！
手腕弯曲持球！

保持手腕弯曲，可以迅速地传球或者投篮。

这里是重点！
肩膀、膝盖和脚尖呈一条直线！

调整脚尖、膝盖和肩膀的位置，使其位于同一条直线上。

特别提示！

经常容易出现的错误动作

膝盖绷直

膝盖如果绷直，就无法迅速起跳。膝盖要弯曲，使身体重心下移。

肩膀过于前倾

肩膀如果过于前倾，身体难以保持平衡，就无法迅速移动。还要注意不要驼背。

三威胁姿势

正面视图

传球

快速向前
迈出一步并传球。

投篮

快速起跳并投篮。

这里
是**重点**！

**膝盖弯曲，
重心下移！**

膝盖弯曲，降低腰
身，以便降低重心，
这种状态下可以迅
速地转换打法。

运球

这里
是**重点**！

避开对方球员！

持球时尽量避开对方
球员，以免被断球。

快速移动并运球。

双脚张开，与
肩膀同宽。

转 身

在篮球运动中,如果持球连续走三步以上,则为走步,属于犯规,将改为由对方控球。
因此掌握转身技巧非常重要。
转身是指以一只脚为轴心(这只脚为中枢脚),另一只脚自由移动的运动技巧,
只要中枢脚不离开地面,另一只脚再怎么移动也不会计入步数,因而不算犯规。
请大家记住前转身和后转身两种转身技巧。

前转身

以左脚为中枢脚,右脚向中枢脚脚尖方向移动,身体同时转变方向。

膝盖弯曲,降低腰身。

避开对方球员持球。

移动的脚①
(第2步)

中枢脚
(第1步)

移动的脚②
(第2步)

俯视图

移动的脚①

移动的脚②

中枢脚

经常容易犯的转身犯规案例

一旦改变中枢脚则变成走步

以一只脚为中枢脚，移动另一只脚并不算走步。然而一旦中枢脚移位或者中途改变中枢脚则属于走步犯规。

后转身

以左脚为中枢脚，右脚向中枢脚脚跟方向移动，身体同时转变方向

膝盖弯曲，降低腰身。

避开对方球员持球。

移动的脚②（第2步）

中枢脚（第1步）

移动的脚①（第2步）

俯视图

中枢脚

移动的脚②

移动的脚①

烦恼

无法熟练地控制篮球。

控球篇

练习方法在此！

一起来做手臂精细动作练习！

如果手臂动作过于粗放，则难以精准地控制篮球。
让我们通过一组找准篮球重心并保持稳定的练习，
来锻炼手臂的精细控制能力。

两个球叠加，保持平衡

在一个篮球上方叠放一个篮球，保持平衡，不
要让上方的球掉落。

通过手臂以及手指等部
位的精细动作，找准掌
握篮球重心的感觉！

让篮球保持在
胸前的位置。

手部保持稳定后，
向前迈步试试！

篮球知识问答

Q1

接住篮球后，
走几步以上算犯规？

答案详见第 29 页。

在手臂上滚球

将球停在手背上，沿着手臂滚动，在此过程中保持球不掉落。

让球从手背沿着手臂向上滚到肩部。

到达肩部后，让球再滚回手背。

使球停在手背上

使球停在手背上，左右挥动手臂或者迈步行走，在此过程中保持球不掉落。

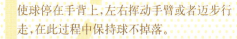

使球停在手背上。

保持停球状态，左右挥动手臂。

如何锻炼你的运动神经呢？

 打篮球所需的基础体力

孩子10~12岁这段时间被称为"运动黄金期"，是全身神经系统最发达的时期。此时学习篮球，不仅能快速学会，还能终生不忘。在这个时期，一起通过各种训练来学会如何灵活使用自己的身体吧。

锻炼运动神经的训练方法

提高下半身的耐力和平衡感

平衡相扑

两人面对面站立，左脚脚尖相碰，右手紧握。

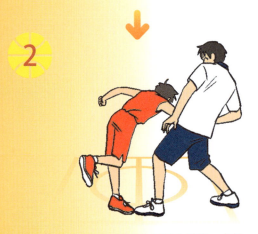

两人相互用力拉扯，脚底先离开地面的一方输。手和脚换边，做同样的练习。

锻炼判断力和脚部的反应速度

猜拳踏步

两人面对面站立，双方伸出左脚使脚尖平行，做猜拳游戏。

获胜的一方用后脚踩对方的前脚，输的一方则迅速收回前脚。变换前后脚，做同样的练习。

○ 锻炼上半身和下半身独立运动的感觉

◎ 连续跳步

连续跳步是指一边跳步，一边用双手在身体的前方、上方和后方拍手的运动。

首先，做一组训练：一边跳步，一边用双手在身体前方和后方各拍两次。

双手按照后→后→前→前的顺序，流畅地拍手。

左脚→前 手→后　　　右脚→前 手→后　　　左脚→前 手→前　　　右脚→前 手→前

右脚→前 手→前　　　左脚→前 手→前　　　右脚→前 手→后　　　左脚→前 手→后

更加熟练掌握的
练习法！

挑战各种不同的节奏

熟练掌握了上述的连续跳步练习后，便可以开始挑战更复杂一些的节奏。只要功夫深，铁杵磨成针！

各种不同的节奏

1. 脚→跳跃　手→前后各拍一次

2. 脚→跳跃　手→前、上、后各拍一次

3. 脚→跳跃　手→前后各拍三次

 的答案　　3步。手上持球走3步以上，则为走步犯规。

漫画

第2章 熟练掌握传球！

MANGA MINI BASKETBALL PRIMER · Chapter 02

球来咯！

南台小学6年

段田

不过有一个人除外。

那些男生又在偷懒。

……

南台小学5年级

信道

真是的，段田，你好好传啊。

啊，不好意思啊，濑名！

来吧！来吧！传给我！

小翼学长？

抱歉啊！

哈哈，篮球是要用手掌接的啊。

哈哈哈。

哇！又撞到了！

看来我们男篮再怎么努力都无法变强了。

哈哈哈，这些家伙还真是有趣呢。

撞到手指了！好痛啊！！

嗯？怎么了，信道？

代理教练！

唉——要是铃木教练在的话……

我无法再和这么差的队伍合作了

我决定今天就退出俱乐部。

咔啦

信道！

被这么说，我有点伤心了。

他说我们差呢。

哈哈哈

真的吗？！好厉害啊！！

他的父亲是知名职业篮球选手，所以他自尊心很强。

那家伙为什么突然要退出俱乐部啊？

但那家伙已经退出俱乐部了。

兴奋不已

キラ

两眼发光

キラ

我要和信道交朋友！！！

......

......

那信道的事就靠你了，一辉。

对呢——

哈哈哈！你这家伙，真有趣啊。

揉

气势满满

我会和他交朋友。

然后让他重新回到俱乐部！

大家都是因为喜欢篮球才加入俱乐部的吧？有决心就一定能变强！

我就出去了半年，你们怎么就变得这么懈怠了？

拿出干劲——！

是！！！

从传球练习开始吧！

铃木教练！

感觉好厉害呀！

一个人是传不了球的。团队合作很重要!

灿烂

传球,要注意速度、方向和时机,还有接球技巧!

传球是团队合作……

嘭

几天后

咚
ダン
咚
ダン

我可不打算陪那群手脚无力的家伙打篮球。

嘭

举起

球筐都被用到满目划痕了……

自制的球筐啊……

信道，你是真的很喜欢篮球吧……

既然这么喜欢篮球，那又为什么要退出俱乐部呢？

我的自尊心哪里受得了。

被才开始打篮球的初学者这样说……

参加的比赛越来越少，崇拜的教练也不在队里了，大家越来越提不起干劲。

在你加入地狱犬队之前，男篮只有9名队员。要是不再找个帮手，就没法参加比赛了。

听说你的父亲接下来要参加世界大赛了？

你也要像你父亲一样努力才行呢。

我的自尊心不允许我再待在那种队伍里……

再看看同一个俱乐部的女篮，都已经冲向全国赛了。

啊！

原来如此。

竟然传来一个这么好接的球！这家伙……几天前明明还一点都不会的。

无论是传球速度还是投球位置都堪称完美！！

这家伙的球……

而且……

你这是干什么？

短短几天里，他到底练习了多久？！

能把球弄得这么破破烂烂……

但要说起对篮球的热情，我可不会输给任何人！！

大家也都振作起来了！虽然我才刚开始学篮球……

什么？！

铃木教练回来了。

再艰苦的训练我都会坚持下来，我要变得比任何人……

都厉害，尤其是要比你更厉害！

紧握

好了！各位，来练习传球！

加油！

第二天

努力！

市民体育馆

看球！

段田不错哦！夹紧胳膊肘把球传过来！

南台地狱犬队，以那家伙为首团结在了一起。

是的。

地狱犬队看起来会变回强队呢。

好痛～

又戳到手指了

看来让他加入队伍是正确的决定呢。

第2章 熟练掌握传球！

传球和接球的基本功

如果接球不稳，不但无法继续下去，还可能被对方抢断。
所以，一定要掌握正确的接球和传球的技巧。

Question

低于胸前的球，
该怎么接才好？

Answer

双手朝下
接球！

虽然接球的正确姿势，一般是双手朝上，但是我们不能保证每次传来的球都保持在胸前的高度。一旦传来的球低于胸前的高度，则需要迅速将双手调整为向下接球。

 接球的姿势

膝盖稍微弯曲，降低腰身，双手掌心朝向篮球站定。

降低腰身

这里是**重点**！
手掌朝向篮球！

只要将两手围成一个篮球的形状，手掌直面篮球，就能稳稳地接住球。

膝盖弯曲

特别提示！

指尖的朝向

指尖朝向了篮球

如果用指尖去触球，很有可能戳伤手指。

低于胸前的篮球接球法

对低于胸前的篮球，
应当让双手小指呈合围的形状，
手朝下接球。

 高于胸前的篮球接球法

对高于胸前的篮球，
应当让双手拇指呈合围的形状，
手朝上接球。

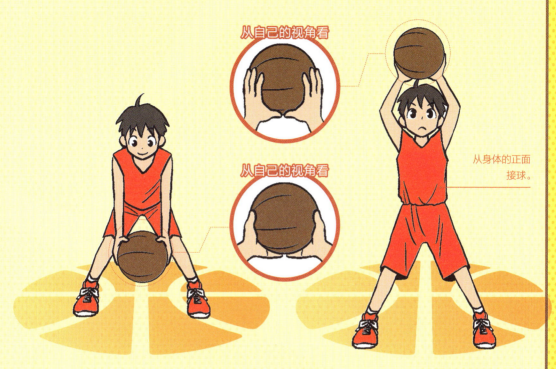

从自己的视角看

从自己的视角看

从身体的正面
接球。

 这里请**注意**！

**接球后，
马上转换成三威胁姿势**

接球后，能否马上转换成投篮、运球或
者传球等下一步动作至关重要，因此要
及时确认自己是否处于三威胁姿势（详
见第 22 页）。

手掌面向篮球，牢牢接球。

接球后直接转换成三威胁姿势，
以便随时做下一步动作。

直接传球的要点
是什么？

手向内侧扭转，
而后投传！

传球最重要的是快、准。
胸前传球是最为精准的传球方式。
双手向内侧扭转，而后向外投传。
传球时，球要直线飞向对方。

 胸前传球 **1**

基本传球方式——
胸前传球的姿势

双膝稍微弯曲，不管是握球的手还是前臂均呈三角形。

 正面视角

使篮球的最高点
和鼻梁齐平。

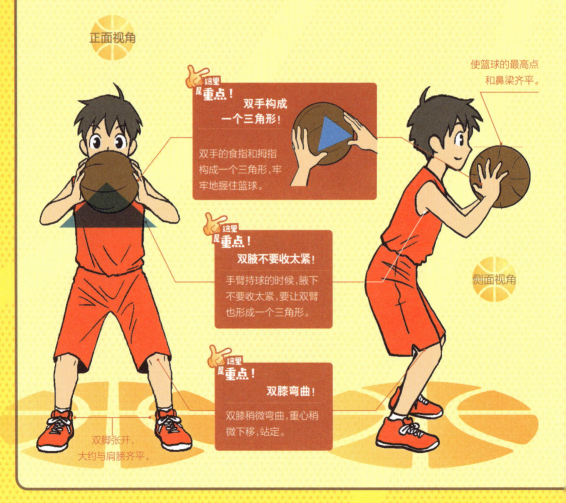

这里是重点！
双手构成
一个三角形！
双手的食指和拇指
构成一个三角形，牢
牢地握住篮球。

这里是重点！
双腋不要收太紧！
手臂持球的时候，腋下
不要收太紧，要让双臂
也形成一个三角形。

侧面视角

这里是重点！
双膝弯曲！
双膝稍微弯曲，重心稍
微下移，站定。

双脚张开，
大约与肩膀齐平。

胸前传球2
将球传出的方法

要想直线传出篮球，
关键是要依靠向内侧扭转的双手发力投传。

这里是重点！

让手背两两相对！

投传的时候如果能双手向内侧扭转，使手背两两相对，则球将沿直线飞出。

1 双肘构成一个三角形，瞄准对方的胸前投传。

2 手臂向前推伸，同时双手向内侧扭转（手掌向外侧翻转），将球投出。

3

这里请注意！

确认双肘是否张开

传球时如果双肘打开，则手上的力量很难传导至篮球上，无法完成有力而准确的传球。时刻牢记双臂要构成一个三角形。

将球投传出去后，拇指朝向地面，食指朝向投传的方向。

胸前传球 3
迅速将球传出的方法

传球速度越快,对方越难断球。
借助向前踏步的势头快速传球,
要加强这方面的训练。

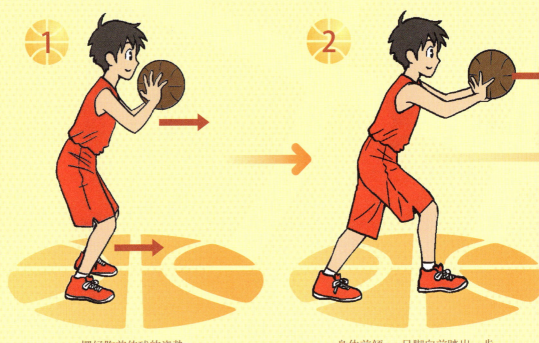

摆好胸前传球的姿势。
手臂和双手构成2个三角形。(→第50页)

身体前倾,一只脚向前踏出一步。
在此过程中,要注意头的高度保持不变。

 这里请 **注意**!

要确认身体是否后仰

在快速传球的时候,常常会因为用劲
而导致身体后仰。为了将力量传导至
篮球上,关键是要注意保持身体前倾
的姿势。

身体后仰　　　　　身体前倾的姿势

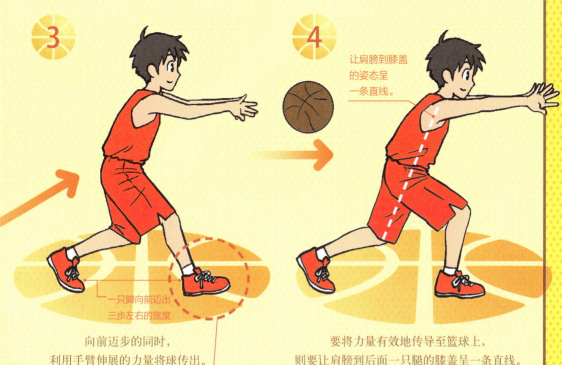

3

一只脚向前迈出
三步左右的宽度

向前迈步的同时，
利用手臂伸展的力量将球传出。

4

让肩膀到膝盖
的姿态呈
一条直线。

要将力量有效地传导至篮球上，
则要让肩膀到后面一只腿的膝盖呈一条直线。

**这里
是重点！**

**借助跨步之势
提升传球的爆发力！**

在伸展手臂的同时，将向前跨步产生的
力量传导至篮球，并顺势将球传出。

**特别
提示！**

注意没有迈步的那只脚

后脚离开地面

投传之后如果后脚离地，
则算走步犯规，千万注
意。

篮球知识问答

Q2

在一场篮球比赛中，
每支队伍必须
同时有几名球员上场？

答案详见第 61 页。

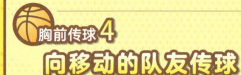

胸前传球 4
向移动的队友传球

> 事先预判队友的移动位置，
> 朝不会阻碍对方移动的方位传球。

1

事先预判队友的移动位置，一边计算传球的速度，一边将球传出。

2

只要时间掐得准，队友可以在不减速的情况下接球，并进入下一个动作。

这里请注意！

要确认传球的方向和速度

准确预判队友的移动速度，以确定自己传球的方向和速度，朝着有利于队友接球后流畅进入下一波动作的位置传球。只要勤加训练，自然就能把握住传球的最佳时机。

✕ ・太逼近队友
　・速度太慢
　↓
传出的球向后偏离

由于队友需要在偏后的位置接球，因此不得不减速。

✕ ・在队友前方且距离太远
　・速度太快
　↓
传出的球向前偏离

队友无法接到传来的球，等于把球拱手让给对方。

练习在运球中迅速传球

队友是奔走移动的，我们需要能够在运球的状态下马上传球。

为了在运球中迅速传球，就需要将球牢牢地握在手上。

一边准确预判队友的走位，在将牢牢握在手上的球抱定的同时，向前迈出一步。

一边迈步，一边迅速将球传出。

 一看便知！

MANGA **MINI BASKETBALL** PRIMER

让我们来分解
胸前传球的动作！

让我们再次确认一下胸前传球这一基本动作。
我们要用正确的动作来精准地传球。

身体的角度

肩膀、腰和膝盖呈一条直线。

手的使用方法

手向内侧扭转，使手背在动作完成后两两相对。

持球的方法

双手以及手肘各自围成三角形。

踏出一步

为了用力将球传出，必须用力向前踏出一步。

脚尖

不能离开地面。

单手传球

如果不是从正面,而是从身体的侧面将球传出,则可以使用单手传球。

按照这种感觉,用投球的那只手发力,将球推出。
整个动作要一气呵成,过程中食指要始终朝着球投出的方向。

1 准备发力投球的那只手的手掌朝向准备传球的方向,双手将球握至齐胸的位置。

2 手腕要始终保持拉伸状态。

 这里是重点!

找到类似那种将球从口袋中取出的感觉!

想象一下将球塞进裤子口袋后取出的感觉,并将球传出。

更加熟练掌握的 练习法!

反弹传球

反弹传球是指让球先在地板上弹起后再传给接球队友的一种传球方式。这种传球方式适用于近距离传球。

1 单手传球时,应选择让球从防守球员的腋下附近击地反弹。

2 要勤加练习,使篮球经过一次地面反弹后能够便于队友精准接球。

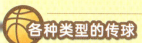 各种类型的传球

单手传球和肩上传球

传球很重要的一点,
是要做到能够从各种角度将球传出。
大家要牢牢记住单手传球和肩上传球的要点,
做到随时随地都能够得心应手地传好球。

 肩上传球　利用单手从肩上将球投出去的肩上传球,适用于向远距离的队友传球。

将球举到耳边的位置。

这里是重点!
食指朝向投球的方向!
球离手的瞬间,食指要朝向投球的方向,拇指则朝向地面。

脚尖面向投球的方向站定,迅速投传。

投球后的随球动作(手腕的动作)要保持至最后,食指朝向投球的方向。

特别提示!　**错误的投球方式**

身体的幅度
不要过大
身体的幅度过大,则无法迅速地将球投出去,因此篮球的位置不要超过耳后。

 弧形传球　弧形传球是指让球画出弧线(loop),向队友传球。
弧形传球适于中间有对方球员且距离较远的情况下使用。

1 让防守(Defense)队员站在中间,用肩上传球的方式打出弧形球。

2 要勤加练习,使篮球越过防守队员的头顶后能够便于队友精准接球。

烦恼 手指力量太弱，无法完成快速传球。

练习方法在此!

一起来做手指锻炼训练吧!

如果手指力量太弱，则难以强有力地将篮球推投出去，
因此无法完成快速传球。
让我们平时多做一些手指锻炼训练吧。

一起来做手指锻炼训练吧! 通过以下三种训练来锻炼我们的手指力量。

相互按压

将双手手指的指肚两两相对，
做相互按压训练。

相互拉伸

将双手手指与手指相扣，做相互拉伸训练。
手指与手指要紧密相扣，用力拉伸。

保持五指支撑的姿势

在俯卧的状态下，
用双手五指支撑身体并保持平衡。
可以通过计数的方式，逐步延长支撑时间。

这些训练在家也能
做，快快练起来，
一起锻炼手指的力
量吧!

烦恼

无法接到速度快的传球。

一起来做拍球再接球的练习吧！

对于那些难以接住的快速传球，不需要强行去接，
而是可以先顺势将球往地上拍，等球再次反弹上来时再接球。

先顺势拍球再接球

一起来做拍球再接球的练习吧。

1

手掌朝向篮球

手掌相对，摆出正确的接
球姿势。

2

拍落篮球

让对方迅速传球，单手
将球拍落至地面。

3

接住反弹起来的篮球

适当移动脚步，去接
住触地反弹的篮球。

4

转换姿势

接球后，采取三威胁
姿势，随时准备转换
成下一步动作。

烦恼

很难接住离自己较远的传球。

 练习方法在此！

一起来做移步接球的练习！

接不住离自己较远的传球，
往往是由于没有适当移步，而是仅仅依靠伸手接球。
要配合步伐移动，多做从上、下、左、右各个方向飞来的传球接球练习。

配合步伐移动接球　　养成根据传球迅速做出移步反应的习惯。

1 摆好基本姿势

负责传球的人不断变换传球路径和力度，快速传球。

2 配合步伐移动

根据传球的方向配合步伐，迅速朝相应的方向移动，而不只是伸手接球。

3 一边整体移动身体，一边接球

快速移动脚步，并在移动的过程中接住篮球。

4 回到有利于进行下一步动作的基本姿势

养成接球后马上进入三威胁姿势的习惯。

受伤后，如何进行应急处置？

受伤后正确的应急处置方法

在日常练习或者比赛对抗中，我们难免受各种各样的伤，比如手指戳伤、脚部扭伤等。
因此，我们要记住一些正确的应急处置方法。
"RICE疗法"是运动受伤的基本应急处置方法。

 什么是"RICE疗法"？

受伤后如果能马上采取"RICE疗法"，不仅能够消炎止肿，而且对减轻疼痛等均有很好的疗效。
"RICE疗法"具体包括四个方面的内容，其名称即取自各项内容的首字母。

Rest（休息）

用胶布或者夹板固定受伤的部位，避免移动。

Icing（冰敷）

受伤的地方用冰袋冷敷15～20分钟。

Compression（压迫）

通过缠绕绷带等方法，压迫受伤的部位。

Elevation（抬高）

为了防止内出血造成的淤血，应将受伤的部位抬高，且要高于心脏的位置。

应急处置只是临时的应急法。一旦受伤，还是应当尽快到医院或专业的医疗机构接受诊治。

的答案　5人

春季大赛

第一轮比赛被淘汰。

哇

哇

哇

哇

熊队　地狱犬队

2 6 4 1 2

原来输了球会这么不甘心!

真不甘心!

打起精神，我们去给女篮加油吧。

哦。

球传给9号了！

今天的比赛，要是我运球的水平能更熟练一些……

慢慢 たら

吞吞 たら

啪

バム 咚

バム 咚

从这小子手里抢球真轻松！

哇 ワァッ

？！

都怪我，害大家输了。

ふ 轻盈

わ

好样的！

ア ア ア ア ア ッ

哇啊——

进球

紧握！

和她比起来，我……

阿空，好厉害。

咦？

嘭 嘭 嘭

好嘞！大家休息吧！！

是！

哈 哈

嗯？啊，我不用了。

啊，球又跑了！噔 噔

一辉，稍微休息一下吧！

就这样手腕动得再快点……

啪

バス

哈

哈

バス 啪

我想追上大家，哪里还有时间休息。

一辉。

无论如何都要提高！

一辉，你想提高运球水平吗？

对。

总是盯着球的话，比赛的时候就看不到周围的情况，也就不能运球过人了，对吧？

听好了，一辉。要想运好球，就要抬起头。

哇！

可是，不看球的话……

哈哈哈！不可能一下子进步的。

只能不断练习，培养手感了。

如果你能练到抬着头运球……

在练熟前可以一直盯着球。

在比赛中就会变得很厉害。

还可以试着模仿前辈或专业选手，尝试各种各样的运球手法。

莫仿高水平球员。

抬起头。

然后……

不停地练习！

总之不停地运球！

咚咚咚咚咚咚

高水平的人，高水平的人……

唔

唔

模仿高水平的人！

可怕！

自言自语……

真是的。

咚

咚

喊着要我回队里的不是你吗？！

一辉！

呀よ

盯——

是真的……在抬着头运球呢……

咚咚 ダダン

咚咚 ダム

ダム

咚

你在看什么啊？！

咚 ダン

！

嚓

能陪我练习运球吗？

各位，拜托了！！

哼，你总算醒悟了吗？

谢谢你们！

大家……

对呀。

为了同伴，我们随时都能提供帮助。

没错！

我也是，传球时被抢断了好几次呢。

哈哈哈

我也是。

我也是呢！

我投篮的时候也歪了好多次呢。

说什么呢。我们从来没觉得是因为你才输了比赛啊。

唔……

各位，之前都是因为我太弱了，才害得大家输了比赛……对不起。

一步一步，脚踏实地。

我们是一个团队。大家一起进步就好了。

不仅为了自己……

嗯！

也为了整个团队，我想变得更强。

市民体育馆

运球的基础

运球是在突破对方防线或者将球带至篮筐附近时
所必须掌握的一项重要技巧。
让我们牢牢掌握,带着球在球场上自由穿梭吧!

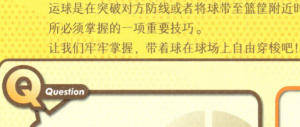

Q Question

如何才能在运球时
稳稳地控制篮球呢?

Answer **A**

运用手腕力量运球!

如果用手掌拍篮球,或者手腕僵硬,
是无法稳稳地控球的。
通过手腕的动作带动手迅速向跟前或者
另一侧弯曲摆动,以此运球。

这里是重点!

不要看球

运球的时候如果不眼观四路,则很容易被对方断球。虽然一开始可能很难,但还是要让视线逐步投向前方。

🏀 运球的姿势

双脚张开,大约与肩膀齐平,膝盖弯曲,降低腰身。

另一只手随时防御对方球员断球。

膝盖稍微弯曲,降低腰身。

更加熟练掌握的
练习法!

走起来试试!

一开始用灵活的那只手,一边走路一边运球,眼睛不看球。要点在于要在身体侧方运球。

俯瞰视角

侧面视角

手的形状

手的形状要与篮球的弧度贴合。
这么做，便于凭借手指的感觉来控制篮球。

手腕的使用

①五根手指像吸附在球面上一般紧紧抓住篮球。
②手腕迅速向跟前运动，用力拍球。
③手掌面向篮球，稳稳地接住它。

要利用手掌来"吸收"篮球的力量。

手摊得太平

手如果摊得太平，篮球直接顶在手掌上，不利于平稳控球。

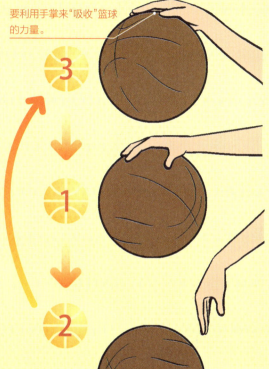

这里请注意！

要注意膝盖是否弯曲，是否降低腰身

在练习运球的过程中，很多时候会由于注意力过于集中在拍球的手上，导致双腿绷直。如果膝盖处于伸直的状态，则会造成双腿无法迅速移动。在平时的训练中，切记膝盖弯曲，让身体处于一种可以随时起跑的姿势。

膝盖弯曲

绷直

运球的种类 1
各种各样的运球方式

一旦找到了拍球的手感，则可以换另外一只不太灵活的手，变换前后左右以及高低位置勤加训练。

用双手左右运球

从右手向左手运球，其间让篮球在地板上弹跳一次。

运球时手要与球合拍。

接下来，换成左手向右手运球。如此往复。在此过程中，当球从手中离开时，双手同时像钟摆一样摆动。

单手左右运球

正面站立，单手左右运球，其间让篮球在地板上弹跳一次。

让球仿佛挂在手指下一般。

当球运行到手的另一侧时，篮球就像吸附在手掌上一样，接着带球收回手。另一侧的手也进行同样的训练。

前后运球

这里是重点！
努力让手掌仿佛吸附在篮球上一般！

手掌要仿佛从篮球前进的方向将手指拉回来的感觉。

拍球一侧的脚向前迈出，
通过运球让球前后跳动。
将球往后拍时，手臂趁篮球弹跳时摆到后方。

将球往前拍时，
手臂趁篮球弹跳时返回前方。
可以改变运球的高度进行练习，也可以换
另一只手练习。

高低运球

不要膝盖伸直、双
脚绷直。

降低腰身，在低位运球。

用力拍球，在高位运球。
另一只手也尝试练习。

运球的种类 2
跑动时的运球方法

当跑动运球时，只要追着向前方拍出的球加速，就能顺畅地边运球边跑动。

1 与原地运球类似，要将篮球拍向自己前方，而不是在自己身侧拍球。

2 追着向前方拍出的球加速。重复上述动作，开始边跑边运球。

特别提示！

注意视线！

运球的时候不要一味盯着球看

跑动运球的时候，很关键的一点是要一边观察对方以及队友的位置一边移动。如果跑动运球的时候一味盯着球看，则很容易发生碰撞或者被对方断球。

这里是重点！

结合自身奔跑的节奏，将球朝自己身体的前方拍出

将球朝自己身体的前方拍出，然后追着球奔跑。如果奔跑的速度时快时慢，则不利于平稳地运球。多做奔跑运球练习，训练球感，努力掌握适合运球的拍球位置以及奔跑速度。

这里是重点!

停步前先减速

如果在加速的状态下突然停步，会加重脚部的负担，容易受伤。有节奏地减速，弯曲膝盖，降低重心，有助于平稳停步。

这里是重点!

让整个脚底着地

停步时，务必让整个脚底同时着地。如果脚尖先着地，容易受伤。

用手"吸收"篮球的力量。

停步前先减速，膝盖弯曲，转换为停步的姿势。同时，用手"吸收"篮球的力量，让篮球停止运动。

双脚同时着地停步。随后，采取三威胁姿势（→第22页）。

更加熟练掌握的练习法!

也可以尝试使用滑步的方式停步!

不要双脚同时立定停步，而是边喊口号"一、二"，边单脚逐个停步，这种方法就是滑步法。这种步法通常在快速移动难以双脚同时停步的情况下使用。用滑步法停下后，同样要采取三威胁姿势。不过，如果再次运球则算走步犯规，因此接下来只能选择投篮或者采用转身技巧（→第24页）找机会传球。

第1步是左脚先落地时的滑步。就像立刻要停下来一样，让左脚减速。

当第2步右脚着地时，整个人完全停下。此时，如果先落地的左脚再次移动，则为走步犯规。

运球吧!

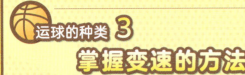

运球的种类 **3**
掌握变速的方法

仅靠在场内奔跑是很难过人的。
要想通过运球甩掉对方,关键是要掌握变速的方法。

 假步后冲刺

这里是重点!

肩膀和膝盖保持在同一条直线上!
保持肩膀和膝盖在同一条直线上,这对将力量稳定地传导至篮球上至关重要。

膝盖不要完全伸直。

双脚张开与肩膀齐平。

慢速

快速

1 假步
在原地踏步制造假象。
可以在原地多次地快速踏步。

2 冲刺
从假步直接变换成冲刺。保持身体前倾的姿势,大步往前冲刺。

更加熟练掌握的 练习法!

找个人来盯防,互相交换练习!

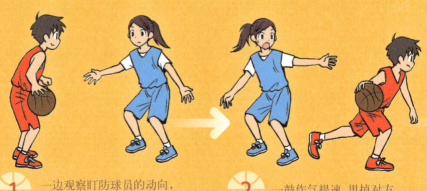

1 一边观察盯防球员的动向,一边缓慢运球。

2 一鼓作气提速,甩掉对方。

跳步后冲刺

 这里是重点！

从慢节奏直接提速！

要努力掌握从假步法或者跳步等这些慢节奏运球中，突然发力切换进入快速运球的能力。爆发力越强大，就越容易带球过人。

视线朝前。

慢速 ➡

快速 ➡

① **跳步**
当需要甩掉对手，或者拉开与防御队员的距离时，可以使用跳步。

② **冲刺**
再次加速冲刺。
交替练习慢速、快速的运球节奏。

③ 一旦对方的盯防球员紧贴上来，就要突然减速。

④ 待对方盯防球员也停下脚步，则再次提速甩掉对方。

运球的种类 4
掌握改变前进方向的方法

首先掌握变向运球和陀螺转身这两种技巧。如果能做到速度变换和这两种技巧的灵活结合，那么你就是一个完美的运球达人了。

 变向运球

变向运球是一种通过快速反应调整体态来甩掉对手的运球技巧。

 1 边运球边前进。

 2 持球一侧的脚原地不动，并以这只脚为中枢，改变身体的方向。

中枢脚

 3 为防止对方抢断篮球，可通过胯下运球的方式换手。

 这里是**重点**！

改变方向，让球从膝盖下方穿过

由于变向运球中球在身体的前方，因此很容易被对方抢断。为了防止这一点，运球时应当尽量使球贴近自己的身体，并且将其压到便于从膝盖下穿过的高度。

 4 调整姿势加速。

陀螺转身

陀螺转身是一种可以一边护球一边转变姿势的运球技巧。

一边观察与正面对手之间的距离，一边运球。

以左脚为中枢，移动右脚，向后小幅度转体，把对手甩在背后。篮球要紧紧掌握在手上。

中枢脚

在转体的同时，原本用右手带的球，在转体后改为用左手带。

变换姿势后，用远离对手的左手运球前进。

 这里请注意！·····

距离远　　　距离近

结合与对手之间的距离，分别选用不同的运球方式！

变向运球与陀螺转身要根据与对手之间的距离区分使用。距离远时选用变向运球，距离近时选用陀螺转身。找一个盯防球员一起练习起来吧！

变向运球

陀螺转身

运球吧！

烦恼 没办法运用手指和手腕熟练地运球。

练习方法在此！

通过练习将地板上的篮球拍起来，
掌握手指和手腕的感觉！

如果不能灵活运用手指以及手腕，是难以娴熟运球的。
为了提高手指和手腕运动时的精细度，
要多做把地板上的篮球拍起来的练习。

把地板上的篮球拍起来

拍打放在地板上的篮球

拍打放在地板上的篮球，让它跳起来。

手指和手腕进行精细运动

运用手指和手腕急速扣拍，让篮球的弹跳幅度越来越大。

顺势开始运球

篮球弹跳幅度变大后起身，直接开始运球。

篮球知识问答

Q3

在发界外球的时候，从裁判手中接过球后几秒钟内，必须把球发回场内？

答案详见第 89 页。

要多锻炼
手指和手腕的
感觉！

烦恼

在变向运球中，篮球没办法换手。

让球左右移动，掌握手掌与篮球合拍的感觉！

在改变前进方向的变向运球中，手掌与篮球的合拍度对成功换手至关重要。
让篮球像钟摆一样左右来回跳动，掌握手掌与篮球合拍的感觉。

让手掌与篮球合拍

这里是**重点！**

**手掌向下，
与篮球合拍**

换手的时候，手掌要与篮球合拍。

这里是**重点！**

**挑战
大幅度运球！**

习惯小幅度运球后，改为大幅度运球，此时手腕与肩膀齐平。

1

**不要拍球，让球在
左右手之间移动**

首先，让球像钟摆一样从右手换到左手。

2

**手感养成以后，
改为左右拍球**

一旦找到了手掌与篮球合拍的感觉后，则改为小幅度拍球。

烦恼　　在运球的过程中，身体容易失去平衡。

两人一组，边运球边做身体对抗！

为了锻炼平衡感，
可以两人一组边运球边做身体对抗。
摔倒或者被断球的一方输。

一边运球一边做身体对抗

1

两人一组运球

两人站在中场（→第181页）正中间，各自用离对方较远的那只手运球。让自己的身体挤在对方和篮球之间。

降低腰身，使重心下移。

2

一边运球，一边做身体对抗

在运球的同时，用肩膀或者臀部推挤对方，没有运球的那只手相互抢夺对方的篮球。篮球被对方抢断、摔倒或者被挤出中场的一方输。

利用整个身体来守护自己的篮球。

为什么练习中必须要补充水分？

练习间隙补充水分的方法

大家在练习的过程中，是不是会因为太投入而忘记补充水分了呢？在运动练习的过程中，补充水分是一件非常重要的事情。

练习中一定要记得勤补水

人体的组成大约百分之六十是水分。其中它们大部分是以体液（身体中的某种液体成分）的形式存在，以满足人体一定的生命活动需要。

然而，随着人体在运动过程中大量出汗，身体中的体液减少，容易引起中暑或者脱水等症状。

特别是少年儿童，虽然个子小，但是负责排汗的汗腺数量却和大人一样多，因此更容易由于出汗而造成身体水分不足。

虽然也受季节和运动量的影响，但在练习中应至少每隔三十分钟到一个小时就补充一次水分。

不只是水，还要适当摄入运动饮料

人体排出的汗液中，含有钾、钙等各种各样的矿物质和盐分。因此，运动时，身体中的这些矿物质和盐分也随着水分一道被排出体外。

如果仅运动一个小时左右，则只要补充水分便足够了，但如果练习时间超过了一个小时，则需要适当补充含有盐分（矿物质）等身体流失成分的运动饮料。

运动饮料添加了运动过程中所必需的各种营养成分，但要注意的是，这些饮料中同样含有高糖分。正在长身体的青少年，应当从食物中获取足够的营养，但是如果摄入了过多的糖分，则容易造成饱腹感，从而影响训练结束后的食欲。

因此，我们推荐大家将运动饮料兑水稀释后再喝。在练习过程中，可以多补充这种稀释后的运动饮料。

 5秒以内。

让我们成为投篮高手！

咻——

啪嚓

不愧是你呢，小优。

……

嘿嘿，总觉得有点不好意思。

点头 哈腰

不错！小优，你的远距离投篮，无论姿势还是控球都十分完美！

看我的!

挺厉害啊，小优。

我也可以!

喔

光靠手臂把球扔出去当然投不进啊。

投球的时候手腕发力，让球反向旋转。

为什么我的投篮技术这么差啊？

硬邦邦

反向旋转。

发力。

嘟囊……

嘟囊……

咕呜呜~

你的手腕还是很僵硬呢。

发力，反向旋转……

唰

呜哇！

听起来好酷！

特别训练？

给你来个特别训练。

光靠脑袋想是没用的。

来吧！

要么是前后方向偏了，要么是左右方向偏了。

知道吗？投篮投不进的原因只有两个。

小翼！

教练，能给我也来个特别训练吗？

啊——

ガーン

一辉，你在这两方面都有问题。

是，教练。

那后面就交给你咯。

请多指教，一辉。

请多指教，小翼学长。

说到特训，就不得不提全队最努力的人了。

你一定能胜任。

那么……

我们开始吧。

笑眯眯

队员们为了被选上都非常拼命。

马上就要秋季大赛了。

一辉那家伙，老是忙着特训，完全不来这里啊。

一周后

该不会教练就这样不让他参加比赛吧？……

不是只有你一个人在努力。

下次的首发，我是不会让出来的。

离开

啊，是！对不起！

你们在干什么？快去练习投篮！

是啊……

那家伙不在，还真是太安静了些。

安静……

好！

那就从我开始！

嗯？

天完全黑了呢。

大家辛苦了！

哐

一辉……

咻

现在的你根本没资格进球场呢。

又……

没进。

呼

呼

给我等着！

啊啊，好不甘心！

大家都到了吧。

好嘞。

几天后

南台 市民体育馆

是！

接下来，我要宣布秋季大赛的首发球员人选。被叫到的人上前领球衣！

一定要当上首发球员！

一定要当上首发球员！

防守，4号，信道！

是！！

运球和传球技术都很优秀的核心球员。

终于……

这个时刻终于要来了！

中锋，
8号，
濑名！

是！

个子高，擅长
抢篮板。

前锋，
7号，
段田！

到！

体格健壮，
抗碰撞能力强。

防守，
5号，
小优！

啊，
是！！

擅长远距离
投篮。

还剩一个人……

咔嘎

打扰
一下。

接下来是最后一个。

前锋，
6号……

咯噔

突然出现
ひょこ

这个。

那件球衣……

是6号？

失落

怎……

怎么会这样……

别把他排除在首发球员外！

教练！我们队需要一辉！

呃……

没想到教练竟然让这个完全不认识的人加入队伍，却不让一辉参加比赛！

从这么远吗？

一辉，你试着从那个位置投篮看看！

你们这些小鬼……听我把话说完啊！

扔

笔直地推出去……

指尖对准球的中心位置……

用手腕发力……

进！

进得漂亮！

太棒啦！

地狱犬队的突击队长就交给你啦！

一辉！

我做到了！

这都是特训的成果！

小翼学长。

恭喜你！

特训，你很努力呢！

……

投篮的方法

投篮分为单手投篮和双手投篮。
让我们在掌握正确投篮姿势和持球方式的基础上投篮吧。
如果能够投篮命中，那么打篮球就越来越有意思了。

Q Question

怎么能够做到
投篮命中呢？

Answer A

直线、高度以及把握距离！

要想在任何角度都投篮命中，就要做到对准
篮筐直线投篮，篮球的弧线要尽量高，还要把
握与篮筐之间的距离。
要做到这三点，掌握正确的投篮姿势和持球
方式便至关重要。

 单手投篮的方法 **1**
单手投篮的持球方法

1

用利手稳稳地持球。

2

球持稳后，将手腕转向外侧。

 3

手腕和手肘呈一条
直线，面向篮筐。

 侧面视图

 4

食指或者中指，或
两指的中间位于
篮球的中心位置。

另一只手支在
一旁护球。

这里
是**重点**！
**投篮的手指要位于
篮球的中心位置**

投篮的手指
（Shooting finger）
位于篮球的正中心。

单手投篮的方法 2
最 初 的 姿 势

在单手投篮的时候，首先要树立一个意识，那就是利手和利足要呈一条线。如果这条线歪了或者弯了，就无法直线投出篮球。

双肩齐平。

夹紧腋下，防止手肘打开。

特别提示！

容易出错的姿势 ✕

线变弯了

如果腋下和手肘处于张开的状态，抬起的手臂和脚之间的连线会在中间变弯，导致无法直线投篮。

这里是重点！
将身体组成一直线！
摆好姿势，使脚尖、膝盖、手臂、篮球的中心连在一起后呈一条直线。

这里是重点！
利足向前迈一步！
身体直面篮筐，利足稍微向前迈出，摆好姿势。双脚张开，与双肩同宽。

篮球知识问答
Q4
一次投篮命中得几分？

答案详见第 113 页。

利手、利足：习惯使用的手或脚。

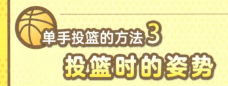

单手投篮的方法 3
投篮时的姿势

只要身体直面篮筐，利手和利足呈一条直线，保持这个姿势则可以直接扬手投篮。只要手腕弯曲到位，就能高弧度投出篮球。

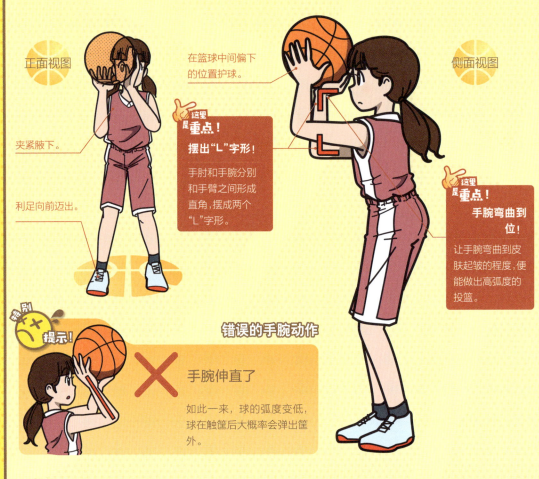

正面视图

在篮球中间偏下的位置护球。

夹紧腋下。

利足向前迈出。

这里是重点！
摆出"L"字形！
手肘和手腕分别和手臂之间形成直角，摆成两个"L"字形。

侧面视图

这里是重点！
手腕弯曲到位！
让手腕弯曲到皮肤起皱的程度，便能做出高弧度的投篮。

特别提示！

错误的手腕动作

✗ **手腕伸直了**

如此一来，球的弧度变低，球在触筐后大概率会弹出筐外。

更加熟练掌握的
练习法！

利用篮板来确认篮球的高度！

可以试试利用篮板（→第181页）来确认篮球的高度。投篮之后，通过观察篮球从篮板的哪个位置落下，就能够判断出进球的适当高度了。

投篮时，球从篮板上方落下，便是理想曲线的高度。

投篮时，球从篮板侧方落下则高度不够。

让我们成为投篮高手！

单手投篮的方法4
出 手

接下来，就是出手将球往篮筐里投了。
起跳的同时手臂直接抬起，
利用手腕的力量
从篮球的中心位置往前推。

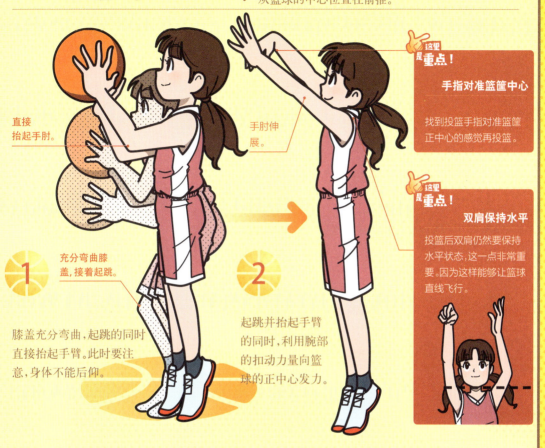

直接抬起手肘。

手肘伸展。

1 充分弯曲膝盖，接着起跳。

膝盖充分弯曲，起跳的同时直接抬起手臂。此时要注意，身体不能后仰。

2 起跳并抬起手臂的同时，利用腕部的扣动力量向篮球的正中心发力。

这里是**重点！**

手指对准篮筐中心

找到投篮手指对准篮筐正中心的感觉再投篮。

这里是**重点！**

双肩保持水平

投篮后双肩仍然要保持水平状态，这一点非常重要。因为这样能够让篮球直线飞行。

 特别提示！

无法将力量传导至篮球的投篮姿势

✕ **后仰**
如果起跳的过程中身体后仰，则无法将力量传导至篮球上。双手投篮（→第113页）时也一样。

✕ **肘部突出**
投篮的时候如果肘部向前突出，将造成篮球的弧线高度不够。

✕ **肩膀未呈水平状态**
投篮后如果肩膀前后左右不平衡，则会造成篮球投歪。

双手投篮的方法 1
双手投篮的持球方法

接下来，让我们试试双手投篮法。
首先要牢记持球方法，这一点非常重要。

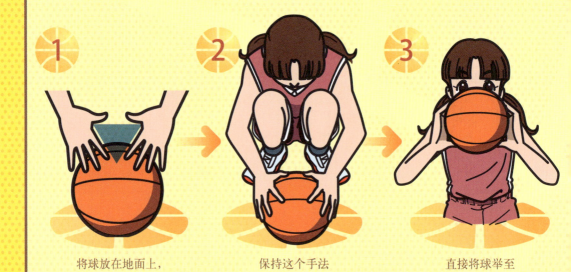

1 将球放在地面上，
用双手围成一个三角形。

2 保持这个手法
抓住篮球。

3 直接将球举至
与嘴巴齐平的位置。

4 用双手牢牢抓住篮
球，使两边食指的
连线位于篮球的中
心位置。

这里是重点！
让三角形位于篮球的中心位置！

用双手围成一个三角形，使
两边食指的连线位于篮球
的中心位置。

双手投篮的方法 **2**
最初的姿势

在双手投篮的时候，首先要树立一个意识，那就是整个身体要呈一个"面"。如果这个"面"歪了或者弯了，就无法直线投出篮球。

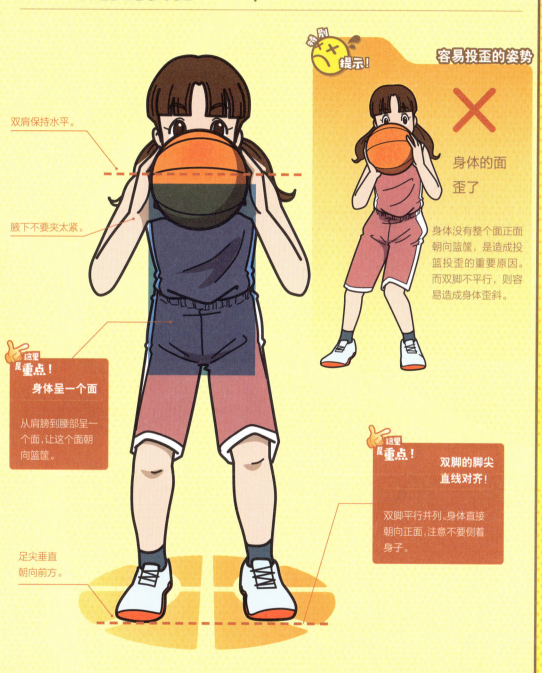

特别 提示！

容易投歪的姿势

✕

身体的面

歪了

身体没有整个面正面朝向篮筐，是造成投篮投歪的重要原因。而双脚不平行，则容易造成身体歪斜。

双肩保持水平。

腋下不要夹太紧。

这里 是重点！
身体呈一个面

从肩膀到腰部呈一个面，让这个面朝向篮筐。

这里 是重点！
双脚的脚尖 直线对齐！

双脚平行并列。身体直接朝向正面，注意不要侧着身子。

足尖垂直朝向前方。

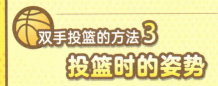

双手投篮的方法 3
投篮时的姿势

当整个身体呈一个正对篮筐的面时,接下来只要抬起手臂投篮即可。两只手臂也像手指一样构成一个三角形,直接抬手投篮。

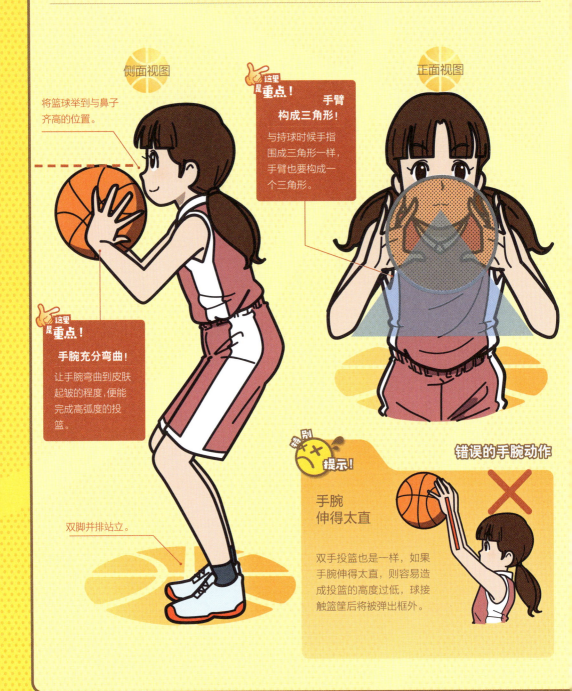

侧面视图

将篮球举到与鼻子齐高的位置。

这里是**重点**!
手臂构成三角形!
与持球时候手指围成三角形一样,手臂也要构成一个三角形。

正面视图

这里是**重点**!
手腕充分弯曲!
让手腕弯曲到皮肤起皱的程度,便能完成高弧度的投篮。

双脚并排站立。

特别**提示**!

错误的手腕动作

手腕伸得太直

双手投篮也是一样,如果手腕伸得太直,则容易造成投篮的高度过低,球接触篮筐后将被弹出框外。

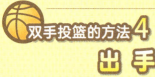

双手投篮的方法 4
出 手

接下来，就是出手将球投向篮筐。
起跳时手臂直接抬起，手腕朝内侧翻转的同时，利用双手的食指推出篮球。

这里是重点！

**投篮后手背
要两两相对**

在篮球离手的瞬间，手腕迅速向内侧翻转，让手背呈两两相对状态。

1

膝盖弯曲，向正上方起跳的同时，利用肘部力量直接向上推球。注意双手不要前后左右摆动。

2

跳到最高点时，手腕向内侧翻转并投篮。利用双手的食指同时推出篮球，使手背两两相对。

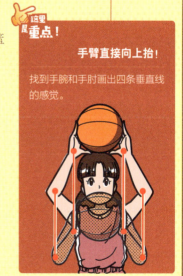

这里是重点！

手臂直接向上抬！

找到手腕和手肘画出四条垂直线的感觉。

特别提示！

球飞不起来……

手臂向后拉，
手肘朝向后背。

一旦手肘向后拉，将造成力量无法传导至篮球，球自然就飞不起来了。

Q4 的答案　三分线内得 2 分，三分线外得 3 分，罚球得 1 分。

配合距离的方法

无论是单手投篮还是双手投篮,都可以通过调整篮球在指尖的滚动时间来配合距离的远近。

当距离篮筐较近时

在近距离投篮时,可以延长篮球在指尖的滚动时间。

这里是**重点**!

找到将篮球从指尖拨出的感觉!

在近距离投篮时,利用整个手掌延长篮球滚动的时间。最后,试着以一种将篮球从指尖拨出去的感觉将球投出。由于传导至篮球的力量减少,因此球不至于飞得过远。

这里请**注意**!

确认一下篮球是否进行了后旋转!

如果能让篮球进行后旋转,则投篮后球比较不容易被篮筐弹开。只要用指尖拨动篮球,就可以使篮球向后旋转。反之,如果不使用指尖,而是使用手掌推球,则无法产生后旋转。如果篮球没有旋转,就说明没有充分利用指尖的力量。

第4章

让我们成为投篮高手！

当距离篮筐较远时

在远距离投篮的时候，可以缩短篮球在手指上的滚动时间。

记住指尖的感觉！

这里是重点！

找到篮球挂在指尖的感觉！

在远距离投篮的时候，只使用手指的力量，缩短篮球的滚动时间。投篮的时候找找篮球挂在指尖上的感觉，这样传递给篮球的力量增加，球能够飞得更远。

篮球知识问答

Q5

进攻方从获得球权后起，几秒内必须投篮？

答案详见第 119 页。

烦恼 做不到直线投篮。

练习方法在此! 仰面躺在地上，向上垂直投球，
掌握直线投篮的感觉!

做不到直线投篮，说明姿势不稳定。建议仰面躺在地上，
加强向上垂直投球的练习。
这样可以帮助你找到直线投篮的感觉。

垂直向上投球

1 仰面躺在地上

双肩触地，仰面
躺在地上。手握
篮球的正中心，
手臂直线上扬。

2 垂直向上投球

投出的球要可以刚好
落回自己的手中。要
注意，如果篮球向前
后左右偏离，说明手
臂弯曲或者手腕弯曲
不到位。

烦恼 无法顺畅地使用手腕的扣拍力量。

练习方法在此! 洗澡的时候在浴盆里摆动手腕，
锻炼扣拍力量!

力量薄弱，无法使用手腕扣拍投篮的人，可以在浴盆里摆动手腕，
做拨水练习。水中适度的阻力有助于锻炼手腕的扣拍力量。

在浴盆中摆动手腕
注意! 要利用双膝确保手肘不要向
外打开，专注锻炼手腕力量，这是
动作要领。

烦恼 无法有效运用指尖的力量，总是用手掌投球。

通过让篮球在手臂上滚动，掌握指尖的使用方法！

想要调整投篮的距离，关键是要懂得使用指尖拨动篮球，
以便于控制篮球飞行的力度。
如果能够经常进行让球从指尖滚向手臂的练习，就能熟练使用指尖发力。

让篮球在手臂上滚动

1 准备投篮

用手掌停球，摆出投篮的姿势。

2 扬起手臂

扬起手臂的同时，让篮球不离开指尖滚动。

3 滚向手背

让篮球从指尖向手背移动。注意篮球不能掉落。

4 在手臂上滚动

顺势让篮球在手臂上滚动。

烦恼 无法判断投篮的力度。

练习方法在此！

后退一两步再投篮，
掌握距离感！

在篮筐下用正确的姿势投篮，命中后再后退
一两步继续投篮，如此反复。
通过这种方法，可以掌握合适的投篮力度。

 一眼便知!

确认一下投篮的姿势!

再度确认投篮的姿势。
要用正确的姿势投篮。

持球方法

投篮的手指贴在篮球的
中心位置。

手臂

如果是单手投篮,手肘和
手腕构成两个"L"字形;
双手投篮则构成三角形。

生成力量

为了生成投篮的力量,可以利
用膝盖往上跳。

手腕

让手腕弯曲到皮肤起
皱的程度。

身体的朝向

传导力量

为了将膝盖产生的力量传导至
篮球,就需要将手肘和手腕直
线上扬。

如果是单手投篮,则指尖、
膝盖、手臂和篮球的中心
呈一条"线",并面向篮筐。
如果是双手投篮,则从肩
膀到腰部呈一个"面",并
面向篮筐。

调整力量

如果要将篮球投得远,应缩短
篮球在指尖滚动的时间;
如果要将篮球投得近,则延长
篮球在指尖滚动的时间。

成为篮球达人的秘诀就是模仿？

要做到身随心动的方法

人们通常都说，体育运动者只要模仿厉害的选手就可以了。
那么，如何成为一名优秀的模仿者呢？

模仿是有效果的

或许有人在电视上看了美国职业篮球联赛（NBA）选手们的精彩比赛后，心生向往，觉得"自己要是也能打得那么精彩该有多好啊"，由此尝试着依样练习。实际上，这种通过模仿厉害的选手进行训练的方法，正是提升篮球水平的秘诀。

构成人体的骨骼有200多块。其中，能够由我们的意识支配驱动的只占少数，更多的只能做无意识动作。

因此，与其有意识地训练身体的某一部分，不如通过观察，抓准感觉，协调全身，模仿其中的动作，这样的训练反而更有效率。

另外，在人类的大脑中有一种叫作镜像神经元的神经细胞。当我们在观察他人的动作时，镜像神经元会被激活，让我们产生类似的行为反应，使得我们模仿他人做出一样的动作。

如何做到熟练地模仿

至于模仿对象，可以模仿身边的优秀选手，也可以反复、大量观看职业篮球选手的比赛录像等。只要自己的身体变得灵活自如，那么模仿起来也就不费吹灰之力了。

能够促进熟练模仿的协调训练

所谓的协调训练，就是一种通过保持平衡，或者快速开始比赛等方式来刺激运动神经的训练。如果能通过这些训练提高相应的能力，那就能够慢慢变得身随心动了。

另外，通过参加各种各样的运动项目，也能够提高自己的身体协调能力。

 的答案　30秒（在有些比赛中是24秒）。

咦？小优，你怎么了？哭什么啊？！

小优！

呜呜……

!!!

搞不好下次大赛时会拖队伍的后腿。

我还害怕受伤……怎么都不能正面面对对手。

抱歉！我，果然还是没办法上赛场。

小优。

我也想变得像你一样强，可是……

握紧

比赛越来越近了，我突然觉得越来越不安，越来越没自信了……

扑簌

落泪

才，才不强呢！

你很强啊。

真的很厉害！超强的！

小优，我觉得你能正视自己的弱点……

闪闪 发光

谢谢你……

紧握

我们不是朋友吗？没关系的！我们一起克服弱点吧！

一，一辉！

抽泣

喂，陆也！要不要和我们一起打篮球啊？

什么？

……

嗯？这不是陆也吗？

哎？！

擦

太好啦!

等……等一下,一辉!

好。

话虽这么说……

喵

叽叽喳喳

这可是能克服弱点的好机会啊!特训,特训!

拍

一辉啊,你突然拉来的这位陪练水平太强了啊!

对不起,对不起,对不起,对不起……

咦——!

ギ

盯

口

好吧。

算了吧……

转身

切ちぇ

我是南台地狱犬队的！请多指教哦！

对。

你……加入俱乐部了吗？

来个朋友的握手！

咚！

ダム

……

嘣

嘣

好！放马过来吧！！

看好了！我也要像陆也一样掌握超厉害的三步上篮！

超棒！

太厉害了！果然陆也就是强！

好快……

什么？！

再来一次！！

再来一次！！

哎呀！

你的速度太快了，导致球的劲头太猛了。

想着把球往后拉回来，再试着投一次。

原来如此……拉回来？

无论失败多少次，他都不会放弃，而是继续挑战……

一辉果然很厉害啊……

一辉……

唔啊！

天哪！好危险！！

在逃避恐惧……

不行！果然我还是在逃避疼痛……

!!!

真的很厉害！
超强的！

小优，我觉得你
能正视自己的弱
点……

我……

一辉……我……

……唔

呜啊啊啊啊啊——

你没受伤吧？

有没有稍微克服你的弱点？

我也不知道……

哎嘿嘿

……

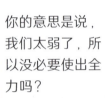

你的意思是说，我们太弱了，所以没必要使出全力吗？

什么？

小声

我应该下手再轻一点的。

陆也……

没想到你竟然会说出这种话。

你太让我失望了。

我的力量……

似乎太强了。

135

三步上篮的打法

一边朝球筐方向跑动一边击球的投篮方式，即为三步上篮。
三步上篮又可分为低手上篮和高手上篮。

Q Question

怎样确保
三步上篮的效果？

A Answer

掌握好脚的蹬地方法和
手腕的发力方法！

要想确保三步上篮的效果，重点就在于保证投篮时蹬地的顺畅性以及保证手腕的控球效果。

三步上篮的打法 **1**

低手上篮的打法

低手上篮是指用靠近篮筐的手上篮，是最容易投进球的上篮方式。

蹬地和放球的时间点

1
一边想象投篮前的动作一边运球。运球时不看球。

2
三步上篮的第一步，用右脚蹬地。

双手握住球。

3
三步上篮的第二步，切换左脚蹬地。身体做好跳起的准备。

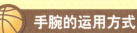 手腕的运用方式

 姿势

将手背朝向球筐，用力弯曲手腕直至出现褶皱。

在放开球的时候，手掌朝向自己的身体，让球旋转从而更易控球。

旋转

☝这里是**重点！**

跳起时要保证大腿和地面平行！

跳起时抬起膝盖，保证大腿和地面平行，这样有助于身体在空中保持稳定。

手背朝向球筐一侧。

 从自己的视角看手腕的转动方式

从自己的视角看持球方法

4 抬起和投篮的手同一侧的脚，全力跳起。

跳跃至最高点时放开球。

5 手腕朝自己的身体内侧方向发力。碰不到篮筐的人可以双手上篮。

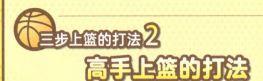

三步上篮的打法 2
高手上篮的打法

高手上篮类似于单手上篮,指用手腕发力后投篮。
它是比赛中常用的投篮方式。

 姿势

惯用手的手背朝向身体一侧。

跳起时,抬起膝盖保证大腿和地面平行。

 蹬地和放球的时间点

一边想象投篮前的动作一边运球。运球时不看球。

三步上篮的第一步。用右脚蹬地。

 手腕的运用方式

旋转

手背朝向身体一侧,用力弯曲手腕直至出现褶皱。

用手腕发力投出球。想象着用指尖勾住球,让球旋转从而更易控球。

 特别提示!

蹬地时的持球方法

不要让球左右摆动

许多人都觉得蹬地的同时让球左右摆动,有助于保持动作节奏。然而若是在比赛过程中这么做,对方一旦靠近就很容易把球抢走。所以在蹬地时,要想象着用自己的身体把球藏起来。

从自己的视角看持球方法

从自己的视角看手腕转动方式

3

4

将一只手作为辅助手。

5

跳跃至最高点时放开球。

步上篮的第二步,切换左脚地。身体做好跳起的准备。

抬起和投篮的手同一侧的脚,全力跳起。

手腕朝自己身体内侧方向发力。

这里请 **注意!**

确认自己是否能双脚着地!

步上篮时,为了判断能否在中保持平衡,可以观察落地的脚。
势稳定时双脚着地,不稳定多为单脚着地。

○ 若能在空中保持平衡,则落地时为双脚着地。

✕ 若身体在空中失去平衡,则落地时多为单脚着地。

烦恼　　　　低手上篮时老是投不进球。

练习方法
在此!

练习转动手腕，让球转起来!

低手上篮时若无法好好利用手腕的力量，
是很难投进球的。
练习手感，利用手腕的力量将球投出，
让球旋转起来吧。

投球的同时让球旋转起来

从侧面看
手腕的转动方式

从自己的视角看
手腕的转动方式

从自己的视角看
手腕的转动方式

从正下方让球旋转

从正下方持球，
向上发力。
对着篮板且直接瞄准篮筐时，
更容易控球

从左侧让球旋转

从左侧拿着球对其发力。
朝着篮筐，
从左侧使球触碰篮板，
更容易控制球。

从右侧让球旋转

从右侧拿着球对其发力。
朝着篮筐，
从右侧使球触碰篮板，
更容易控制球。

烦恼

我不擅长高手上篮。

练习方法在此！

使用手腕的扣拍力量，让球在空中保持旋转。

难以通过高手上篮投进球的人，也多是由于无法控制手腕力量，从而导致球势过猛。尽可能让球在空中持续旋转，以调整球势吧。

让球在空中旋转

旋转

旋转

弯曲膝盖。

举臂过肩持球

首先，将手腕弯曲至出现褶皱，用举臂过肩的姿势持球。

手腕发力抛球

手腕发力，将球抛向正上方。让球在手掌上滚动，最后从指尖离开。

球回到手里后，再次抛起

球垂直向上抛起并再次回到手里后，重复步骤1~3的动作。要迅速在接到球后完成步骤1~3，不断重复。

确认一下三步上篮的姿势有没有做对吧！

手的方向

旋转

低手上篮

手背朝向篮筐一侧，
手腕朝自己身体一侧
方向发力。

旋转

高手上篮

手背朝向身体一侧，
手腕朝篮筐一侧
方向发力。

手腕

手腕要弯曲。
在把球投出前让球旋
转起来。

膝盖

起跳时，要抬起膝盖，
让大腿和地面尽量平
行。

蹬地

右手投篮时，
右脚蹬地。

用正确的姿势进行三步上篮，
就能提高投篮命中率了。

和伙伴们一起
中场休息
HALF TIME
专栏

想长高，平时生活中要注意哪些事情呢？

有助于长高的生活习惯

一般认为，篮球比赛中，个子高的队员更有优势。
那么，哪些生活习惯有助于长高呢？

"能睡的孩子长得快"是真的

成人后就很难再长高了。儿童之所以能长高，是因为正处于发育期。

自古以来，人们都觉得"能睡的孩子长得快"，实际上这的确是有科学依据的。

生长激素是促进孩子成长的主要激素之一，相较于白天醒着的时候，夜晚入睡后才是这种激素分泌的高峰期。

若将高大魁梧的身体看成一辆功能完备的汽车，那么处于发育期的孩子进入睡眠后，汽车制造厂也就开始工作了。孩子们从饮食中获得的营养犹如汽车的生产材料和作为燃料的汽油。睡眠时间短，工厂的运转时间也越短，自然造不出好的车子。

同理，若不好好吃饭，材料和燃料也将告急，同样造不出高品质的汽车来。

长高需要哪些营养物质呢？

钙和镁等各类营养物质是长高的关键要素，对于发育期的孩子来说，蛋白质更是不可或缺的重要营养成分。如果被零食和泡面等食物填饱肚子，那就没法再摄取重要的蛋白质了。所以饭前一定不能吃太多零食哦！

富含蛋白质的食材

肉、鱼、蛋、大豆、乳制品等。

通过饮食摄取蛋白质

除了肉和鱼等，豆子、豆腐、鸡蛋等也是蛋白质的优质来源。

蔬菜

肉、鱼

豆子、豆腐、鸡蛋等

一起享受比赛吧！

MANGA MINI BASKETBALL PRIMER ✳ Chapter 06

秋季
全县大赛

星空县
少年篮球 决赛

我们的对手是那个陆也带领的强队——东町盖亚队！！

能赢下第一场比赛，干得不错！接下来就是第二场了！

哇啊——

接下来是第二场比赛。

地狱犬队对战盖亚队的比赛即将开始！

啊

啊

啊

是！

你们 10 个人就是一个团队，要拿出团队精神来！

地狱犬队
（首发球员）

蓄势——

盖亚队
（首发球员）

待发——

加油呀！

我一定会
打倒你！

………

陆也！

哔哔——

咚

接

看我的！！

让他们见识见识你的实力！！！

小优！

绝对不能让你先得分！

!!

我已经……

紧握

不是窝囊废了！

148

拍

表现得太棒了！小优！

刺痛

哔

第一节结束！

地狱犬队 盖亚队

04 14

把球都传给水平高的选手，这也是一种战术呢。

小优！

唔……好……好疼！

明明和大家一起努力特训了那么久……

好不甘心！

小优……

接下来就交给小翼了，你好好休息。

换人

是！

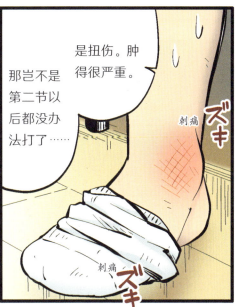

是扭伤。肿得很严重。

那岂不是第二节以后都没办法打了……

刺痛

刺痛

我们是一个团队！！！！

充满气势

名为"看门狗防线"！

教你们一个很适合你们的防御战术！

狗？

汪

地狱犬

汪

看门？

哔哔

现在正是使用这一战术的最佳时机！

看门狗会对想要进入家中的入侵者狂吠，阻止其进入，对吧？

是！

篮球队的家就是油漆区了。

你们就把自己想象成5条看门狗，包围住自己的家，让入侵者寸步难进！

在篮球比赛中，因10名球员上场时间全部超过了一节，于是盖亚队将主力陆也安排回了候补区。

这对地狱犬队是有利的，比分差距在慢慢缩小……

可恶！是陆也！！

紧接着第三节

小翼学长！

一辉！

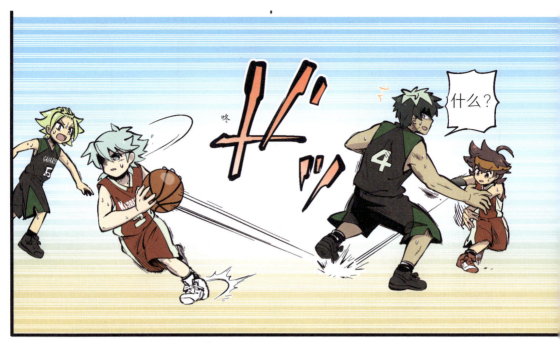

起身

地狱犬队原来这么厉害吗？

不过，我们队有陆也，交给他就没事了吧。

也对。

……

哈

哈

惊

陆也？

……

抖

抖

哦，好！

嘿嘿

陆也……原来也这么热血啊。

我需要支援……拜托你们了！

靠我一个人，是赢不了地狱犬队的那些家伙的。

地狱犬队　　盖亚队

4 2 4 2

比赛快要结束了，此时双方比分为42比42。

接下来是关键的第四节！

尽管比赛时双方都不肯退让……

但他们……

几乎实力相当！

哇

哇

竭尽全力的两支队伍……

看起来都很享受呢。

大家上啊！看门狗防线！

看我们先拿下一分！

油漆区
（红线内侧）

放马过来吧！

不要畏惧，挡住一切入侵者！

油漆区就是"队伍的家"，你们就是大型看门狗！

我们不会让你们进家门一步！！

离比赛结束还剩5秒钟……把球传出去……还来得及吗？！

0:05

抓

喔

运气真好！

投

看我的！

糟了！

一辉！

跑起来，一辉！

冲

吓

嘭嘭嘭嘭嘭嘭

陆也！

一辉——

离比赛结束还有3秒！

00:03

看我的！

绝不会让你得逞！

好快！

啊！

扑通

这个球与我们团队的荣誉相连！我一定要投中！！

哗

抓住！

163

进攻的基本知识

在比赛中进攻时，选手的基本位置被称为"position"，
让我们记住不同位置的作用吧。

 不同位置的职责

后卫

一场篮球比赛中通常存在两个后防球员，包括控球后卫（组织后卫）和得分后卫。

控球后卫往往是全队进攻的组织者，通过带球将球传到对方球场，向队友下达进攻指示，做出决定性指示。得分后卫主要在控球后卫的帮助下，找出空当进行传球、近投、远投或切入篮板下抢篮板球，这些都需要球员具备高超的球技。

跟着我跑起来！

无论身处哪个位置，大家都在努力地为球队效力。

一起享受比赛吧！

Q Question

在篮球比赛中
都有哪些站位呢？

传到这来！

A Answer

大致分为
后卫、前锋、中锋
三种！

上场比赛的5个人都有各自的位置和作用，主要分成后卫、前锋、中锋三种。这三者还可以再进行细分。

我要投篮！

前锋

负责深入对方球场，其中根据职责不同还分为大前锋和小前锋。
大前锋的首要任务便是抓篮板球，帮助队友得分。小前锋主要负责远距离投篮或抢断。

中锋

活动时主要活跃于对方篮筐附近，进行篮下投篮，负责抢篮板球。中锋不仅身高要高，身体素质也要过硬。有些球队也会派出前锋担任中锋。

篮球知识问答

Q6

如果不小心
把球投进了自家篮筐
怎么办呢？

答案见第 171 页。

基本移动——弧线规则

弧线规则指的是攻方队员在比赛跑位时按弧形路线移动。
让我们记住进攻时最基本的动作吧。

攻方队员❶运球进入箭头所指方向（防守队员①的外侧），如果其他队员完全不动，那么防守队员④和⑤就会防范攻方队员❶的进入。为了突破防守，其他的队员都会按照箭头指示的方向进行弧形移动。

❶～❺　攻方
①～⑤　守方

和上面相反，如果攻方队员❶运球沿着箭头的方向（防守队员①的内侧）进入，那么其他队员就应如图中箭头所示，进行逆时针弧线移动。

提高命中率的进攻方法

离篮网越近，命中率就越高。因此，让我们记住三个靠近篮网的小诀窍。

带球突破

进攻方向

带球突破

己方队员在附近时，中间防守的距离就会变窄，因此在带球突破时，要保证持球队员周围有足够的空间。这样带球突破的队员面临防守围堵时，就能向弧线跑位的己方自由队员传球。

带球突破是指持球队员通过把握时机突破防守进入篮板下。

抢断战术

切球

传球

进攻方向

若防守队员只顾着对付持球队员，篮板下就出现了空间，此时非持球队员就可以跑进去接下传球，但同一空间内不能进入两名。抢断战术考验的是队员间的配合默契。

抢断是指非持球队员在篮板附近找准时机抢断接球的战术。

中锋策应战术

关键球员

传球

进攻方向

在篮板附近接到传球的选手会使用步法或转身投篮。但是，防守方也会对后场队员进行严防死守，全力阻碍后卫自由进入篮板下。控场的队员千万不要怕肢体接触，要抢占先机，接到传球后，要迅速做出反击。

中锋或者个子高的前锋，作为篮下策应人员插入内线篮下附近，寻找对手难以抢断的传球机会，这种打法就叫作中锋策应战术。

防守的基本策略

防守的关键在于阻止对手自由传球或投篮。
让我们一起练习起来，迅速地应对对方的行动吧。

防守持球队员的盯人策略

防范投篮路线和封堵传球。

防守队员①背对篮板，双臂张开守住要盯防的对手①和篮板的连线方向。

特别提示！ ✗ 错误示范

离对手太远

若与盯防对手距离过远，那么对方在传球和投篮上就能有足够的自由。要注意和对手保持适当距离。

防守非持球队员的盯人策略

（注意）
不同的队伍的站位规则可能会出现细微差别，并不是只有这一种正确答案。

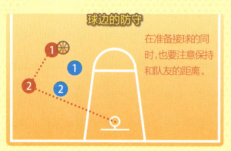

球边的防守

在准备接球的同时，也要注意保持和队友的距离。

防守队员②不再站在盯防对手②与篮板的连线上，而是站在持球者①的附近。

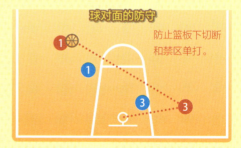

球对面的防守

防止篮板下切断和禁区单打。

持球队员对面的防守队员③在三秒区内待机以防守篮板。

防守的要领

屈膝沉下腰，双手自然张开。

这里是重点！

防备传球和投篮

肘关节放松，灵活应对传球和投篮。

这里是重点！

防备对方运球

沉肩、屈膝保证双脚能灵活行动。

特别提示！ **常见的错误防守姿势**

僵硬的防守姿势

双手垂下、腰部直立的姿势是无法对对方的运球和投篮做出及时的反应，所以一定多注意哦！

双手垂下

腿像两根柱子般直挺挺地立着

这里请注意！

攻守的快速转换很重要！

攻和守的转换影响胜负，特别是篮板球能力对胜负有很大影响。防守队员抢到篮板球后要迅速进攻，相反，被抢到篮板球的防守队员要尽快跑回己方半场，这一点非常重要。

防守队员在对方投篮时要立刻冲到篮下，用后背挡住自己盯防的队员。

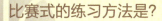

A Answer

可以通过进行小型篮球赛来练习。

Q Question

比赛式的练习方法是?

小型篮球赛是指比赛人数较少的篮球赛,通常是以二对二、三对三的形式进行,往往只需要在球场的半边活动。

因为人数较少,运球和抢球的机会就变多了,为保护持球队友而不断地跑动,这是非常好的练习球技的机会。

 二对二的小型篮球赛

一队两人,在半场进行小型篮球赛。

如果被抢球或者得分确定,那么攻守两方互换角色。

如果自己队伍只剩一个球员的情况下,传球之后的行动就很容易被掌握。

投篮

从队友传出球后要迅速移动接住球。

行动时给队友留够空间。

 三对三的小型篮球赛

每支队伍三个人,和二对二的比赛形式相同。

非持球的两名球员很容易被识破进攻动态。

按照弧形跑位,配合运球队友及时投篮或抢球。虽然不持球,但也要努力帮球队得分。

运球进入

弧形移动

如何保持练习时的罚球水平，
保证比赛中不失守呢？

🏀 在比赛紧张的环境下保证投篮水准的方法

在1分定胜负的关键时候，就是职业选手也难免会紧张。那该怎么做，才能在正式的比赛中发挥出稳定的水平呢？

在练习中体验成功

练习时的失败与真正的成败无关，所以不必太在意犯错。但是一到比赛就觉得："如果失误就……"因为害怕失误，反而会导致无法发挥出练习时的水平。

练习不仅是为了磨炼技术，也是为了培养不怕失误的心理素质。在脑海里不断回想着"投篮成功的情景"，然后不断进行练习吧。另外，让我们一起给自己积极的心理暗示："既然已经成功投进了那么多次，这次肯定也没问题。"

将罚球作为例行练习

迈克尔·乔丹在每次罚球之前，都会舔手指并拍打球。这就是我们平时常说的"习惯成自然"。重复同样的动作有助于让自己保持冷静，树立信心。因此，在比赛中做习惯性的动作，就能帮助我们发挥出和平常同样的水平。

拍打一次篮球后投篮。反复练习，形成一种肌肉记忆吧！

 的答案　对方得分。

喂。

嚓

イーじゃんっ

兴奋

太好了！！果然赢了的感觉就是不一样！

干什么，陆也？！要是有意见就说话，别这么瞪着别人！！

怒气

冲冲

盯……

好可怕！

那，那个……

原来是这样。

再怎么不擅长与人沟通，也得有个限度吧！！

我的力量似乎太强了。

眼神尖锐

嗯，没……没事！

对不起！

对……对不起，我用力过猛了，你……没事吧？

ぼそ

小声

没想到你也这么有意思！

哇哈哈哈哈

啊哈哈哈！你真有意思，陆也！

噗

抱歉。

175

陆也。

一直支持着我的重要朋友。

谢谢你。不过，我也有……

这样啊……

下次我不会输的……

期待下次再和你比赛！

这次大赛后，6年级学生就退役了……我这个队长的工作也结束了啊……

篮球，朋友……

我都热爱！

交给你啦。闪闪发光的新队长。

篮球比赛的规则

篮球是只要把球投进对方篮筐里就能得分的简单运动，
但其中也有很多必须遵守的规则，一起来看看吧。

关于比赛

上半场	第 1 节（quarter）	6分钟
	节间休息	1分钟
	第 2 节（quarter）	6分钟
	中场休息	5分钟
下半场	第 3 节（quarter）	6分钟
	节间休息	1分钟
	第 4 节（quarter）	6分钟

比赛时间

篮球比赛分为上半场和下半场（含中场休息在
内），各12分钟，其中每个半场又被一分为
二，6分钟×4次，共24分钟。
每6分钟的分段被称为节(quarter)。
每节之间都有休息时间，节间休息1分钟，中场
休息5分钟。
前半场和后半场将互相交换场区。

换人

每支球队均由5名球员和
5～10名替补球员组成。只
能在节间休息、中场休息
和第4节比赛时进行换人。
为了让更多的球员参加比
赛，规定要求在第3节比赛
结束前，每支球队必须有
10名以上的球员参加1节以
上、2节以内的比赛。

得分

罚球
1分

因犯规而进行的罚球为1分×2次。
但投中有效时为1分×1次。

投球命中
2分

投球命中（比赛过
程中投中篮筐）得
2分。

球场的大小及名称

来记住篮球比赛时球场各个部分的名称吧。

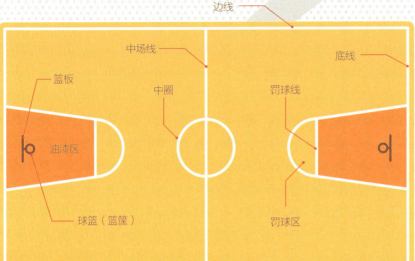

边线
中场线
底线
篮板
中圈
罚球线
油漆区
球篮（篮筐）
罚球区

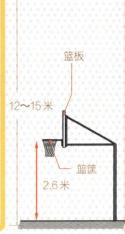

篮板
篮筐
12～15 米
2.6 米

22～28 米

比赛的进行方式

在第1节时，由裁判从中圈抛出跳跃球后比赛开始。第2节、第3节、第4节时，按照规定的顺序由一方掷出界外球后比赛开始。

如果球飞出场外，或是持球队员踩到底线或边线，比赛将被暂停，由对方球队掷球入界，重新开始比赛。

一方得分后，得分球队在篮筐下掷球入界，重新开始比赛。

双方代表球员跳起争夺裁判抛起的球。跳起的球员将用指尖把球弹到己方球员所在的方向。

球员从裁判手中接过球后，必须于5秒内将球投进篮筐。掷球入界时，可以踩线，但不能越线。

主要犯规类型

推人犯规

用手或身体推搡对方的行为属于推人犯规。此类犯规常出现于抢篮板球或在篮筐下争抢位置时。

非法用手

此类犯规指用手拍打对方等可能影响对方比赛的行为。在抢球或阻止对方投篮时，球员碰到的往往不是球，而是对方的身体，从而引起犯规。

拉人犯规

抓住对方或者用胳膊缠住对方，从而妨碍对方的动作，会被判为拉人犯规。比如：在一方运球时，快被突破防线的防守方队员可能会下意识地抓住另一方的球员，从而导致犯规。

冲撞犯规/阻挡犯规

进攻方球员撞到防守方球员，将被判为冲撞犯规。相反，防守方球员撞到进攻方球员，则被判为阻挡犯规。

绊人犯规

故意用脚绊倒对方，会被判为绊人犯规。此类犯规常发生于一方球员追逐对方持球队员，或在篮筐下挤人时。

技术犯规

无视运动员精神的行为将被判为技术犯规，如出言抱怨裁判或另一方球队。对方将获得一次罚球或一次掷球入界的机会。

比赛过程中的犯规行为

何为犯规？

肢体间接触时的违规被称为个人犯规（foul）。一旦犯规，对方球队就将得到罚球或掷球入界的机会。

犯规次数会被记录下来。同一名球员在一场比赛中犯规5次将被罚下场。另外，若一方球队的犯规次数在一节中超过5次，则每犯规一次，另一方球队就会得到2次罚球机会。

除个人犯规外，犯规还包括技术犯规（抱怨对方等有悖运动员操守的行为），以及违反体育精神等（故意与他人过度肢体接触等）。这种情况下，另一方球队就会得到罚球机会。

犯规机制

■ 推人犯规
■ 非法用手
■ 拉人犯规
■ 冲撞犯规
■ 阻挡犯规
■ 绊人犯规

对方做出
投篮动作时

○对方球队将获得2次罚球机会。
○如果投篮成功，视为得分并再获得1次罚球机会。

投篮
以外时

○由对方球队掷球入界重新开始比赛。

■ 球队在一节内的犯规次数超过5次

○不论对方球队是否做出投篮动作，对方都将获得2次罚球机会。

■ 一名球员在一场比赛内的犯规次数超过5次

○犯规球员被罚下场。

篮球违例的主要类型

30 秒规则

防守方必须在接到球后的30秒内投篮（球需触碰篮筐）。如果再次拿到触碰了篮筐的球，则从此刻起再次倒计时30秒。

3 秒规则

篮筐附近的油漆区被称为"限制区"（含边界线），进攻方的球员在该区域停留的时间不能超过3秒，如在3秒内离开该区域，则还可以再次进入。

5 秒规则

在球场内拿着球的球员如未能在5秒内完成传球、运球、投篮等动作，或未能在5秒内完成掷球入界或罚球动作，将被判违例。

两次运球

如果双手同时触球或停止运球后重新开始运球，将会被判违例。另外，运球中如果手置于球的下方（翻腕运球），则构成"两次运球"违例。

走步

拿球走3步以上即为违例。接住球时，以第一步的脚为轴心，第二步移动另一只脚的转身行为（参照第24页）不算违例。

踢球

为了不让对方传球而故意踢球或用脚阻挡即将飞出球场的球，都属于违例。但是，球偶然撞到脚的情况并不算违例。

要点牢记！篮球比赛的规则

何为违例？

肢体间接触以外的违规统称为违例，包括"30秒规则"等有关时间限制的违例，也有"走步"等有关球的处理方式的违例。

如果一方违例，比赛将被暂停，并由另一方掷球入界重新开始比赛。

违例与犯规不同，无论违例多少次，都不会被罚下场。

违例机制

- ● 与时间有关的
  - · 30秒规则
  - · 3秒规则
  - · 5秒规则

- ● 与球的处理方式有关的
  - · 两次运球
  - · 走步
  - · 踢球

○ 由对方队员掷球入界，比赛重新开始。

○ 无论违例多少次都不会被罚下场。

何为干扰球？

干扰球是指投篮后被投出的球从最高处开始下落，在尚未确定是否进入篮筐的时候，队员碰到球的情形。

这时，进攻方和防守方都不可碰球。如果进攻方违反这一规定，即使球被投进篮筐也不得分；如果防守方违反这一规定，那么无论球是否进入篮筐，进攻方都将得分。

干扰球机制

■ 进攻方投出干扰球	○ 即使球被投进篮筐，也不视为得分。 ○ 由防守方掷球入界，重新开始比赛。
■ 防守方投出干扰球	○ 无论球是否进入篮筐，进攻方都将得分。

篮球运动相关用品

只要有球和篮筐，独自练习篮球也不是问题。
此处介绍几个运动时的必需用品。

球

青少年篮球比赛中常使用的球为5号球。
标准男子比赛用球为7号球。
标准女子比赛用球为6号球。

球衣

穿平时训练的队服即可。
上衣多为无袖背心，裤子多
为较长的短裤。

选鞋时的注意要点

篮球鞋的大小必须贴合自己的脚，否
则可能导致受伤。购买前，要到体育
用品商店量好尺寸，试穿球鞋，并确
认下图所示各要点。

鞋口不接触脚踝。
脚背不受压。

脚后跟
感觉舒适。

鞋底与足弓
贴合。

脚尖不接触
球鞋的顶部。

踩踏的位置
适度弯曲。

篮球鞋

篮球鞋的鞋底整体都是
防滑的。为了减轻跳跃时
的冲击，多为厚鞋设计。
脚踝及鞋跟处也非常结
实稳定。

脚围（脚
最宽处的
周长）合
适。

脚长（拇指尖到
脚跟的距离）合
适。

脚后跟感觉舒适。

适合青少年的篮球鞋版型

选取一款适合孩子的脚型
和动作的篮球鞋，务必要
完美而舒适。

篮球用语解说

介绍在篮球练习及比赛时你可能常用的或在电视上的篮球比赛直播里耳熟能详的篮球用语。

●**出界**

指球或拿球的球员离开球场范围。

●**外线投篮**

指在油漆区外的中距离投篮或远距离投篮。

●**助攻**

指将球传给已经成功投篮的队友。

●**三不沾**

指投篮后未碰到篮板、篮筐、球网等任何位置的球。

●**快速传球**

指接到球后立刻发出的传球。

●**换防**

指两名防守球员互相交换各自防守的对象。

●**抢断**

指防守方抢走另一方的球。

●**掷球入界**

指因出界或犯规等原因比赛暂停时,由另一方球员从底线或边线外将球投入球场内。

●**失误**

指由于抢断或违规,球传到对方球队。

●**双人夹击**

指由两名防守方球员夹住或包围持球球员的防守策略。

●**空挡**

指防守方的任何球员都没有紧跟进攻方球员的情况。

●**盲传球**

指不看对象直接将球传出去。

●**投中有效**

对方犯规的情况下如果投篮命中,则除了这一次投篮计入得分,另得一次罚球机会。

●**犯满离场**

指个人犯规5次后被罚下场。

●**快攻**

指如果球在己方手中,在对方的防守阵形形成之前将球投进篮筐的进攻方式。

●**盖帽**

指在对方投篮时用手拨走球阻止其投篮。

●**配对防守**

指球员各自与对应另一方球员进行一对一防守的策略。

●**篮板球**

指投篮后的球投偏后又反弹回篮筐,亦指接住投偏了的球。

●**丢球**

指球不在任何队伍的控制之下。